인체 대탐험
머리부터 발끝까지

초등과학Q는 과학의 기본 개념을
말랑말랑하게 풀어낸 세상 친절한 과학 해설서예요.
핵심을 찌르는 재치 넘치는 질문! 웃음이 가득한 탐구 과정!
재미있는 글과 그림을 따라가면 암호문 같은
과학 교과서가 술술 읽힐 거예요.

초등과학Q 1
인체 대탐험
머리부터 발끝까지

김원섭 글 김윤재 그림 최재천 감수

우리가 누구게?

안녕? 만나서 반가워! 나는 짱짱이 몸속에 사는 새싹 세포야.

우리 새싹 세포는 아직 어떤 인체 기관이 될지 정해지지 않은 어린이 세포를 말해.

똑또케

아는 것도, 알고 싶은 것도 많은 새싹 세포계의 뇌섹녀

어떠케

하늘이 무너질까 땅이 꺼질까 온갖 걱정을 달고 사는 프로 걱정러

또머거

아침에 눈뜨자마자 밤에 잠자기 전까지 끊임없이 먹기 바쁜 먹방계의 샛별

우리가 사는 몸속 세상은 어떤 곳이게?

우리 몸은 뼈, 피, 근육, 장기, 신경, 피부 등 여러 부분으로 이루어져 있어요. 각 부분이 힘을 합쳐서 우리가 건강하고 행복하게 살아가도록 도와주지요.

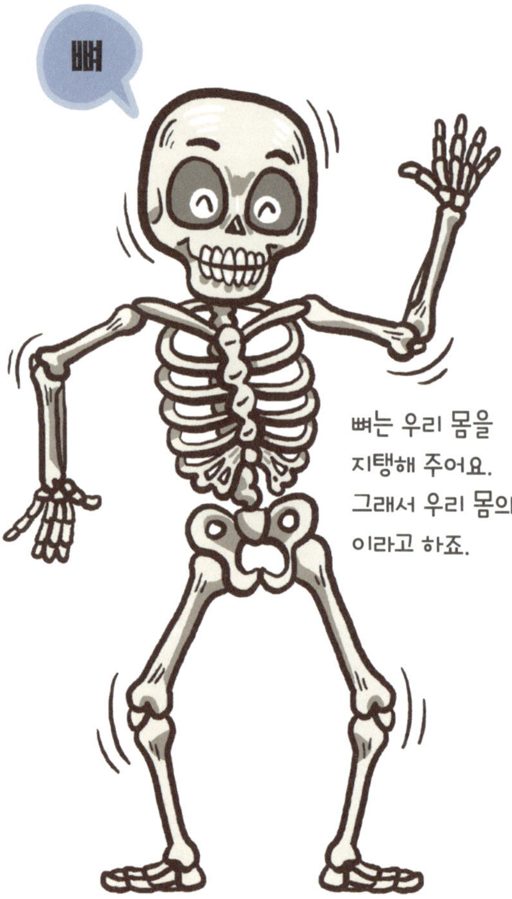

뼈

근육

뼈는 우리 몸을 지탱해 주어요. 그래서 우리 몸의 기둥 이라고 하죠.

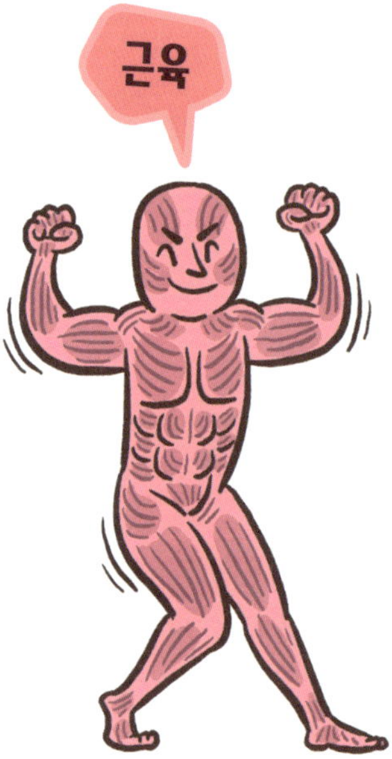

근육은 뼈를 감싸고 있어요.

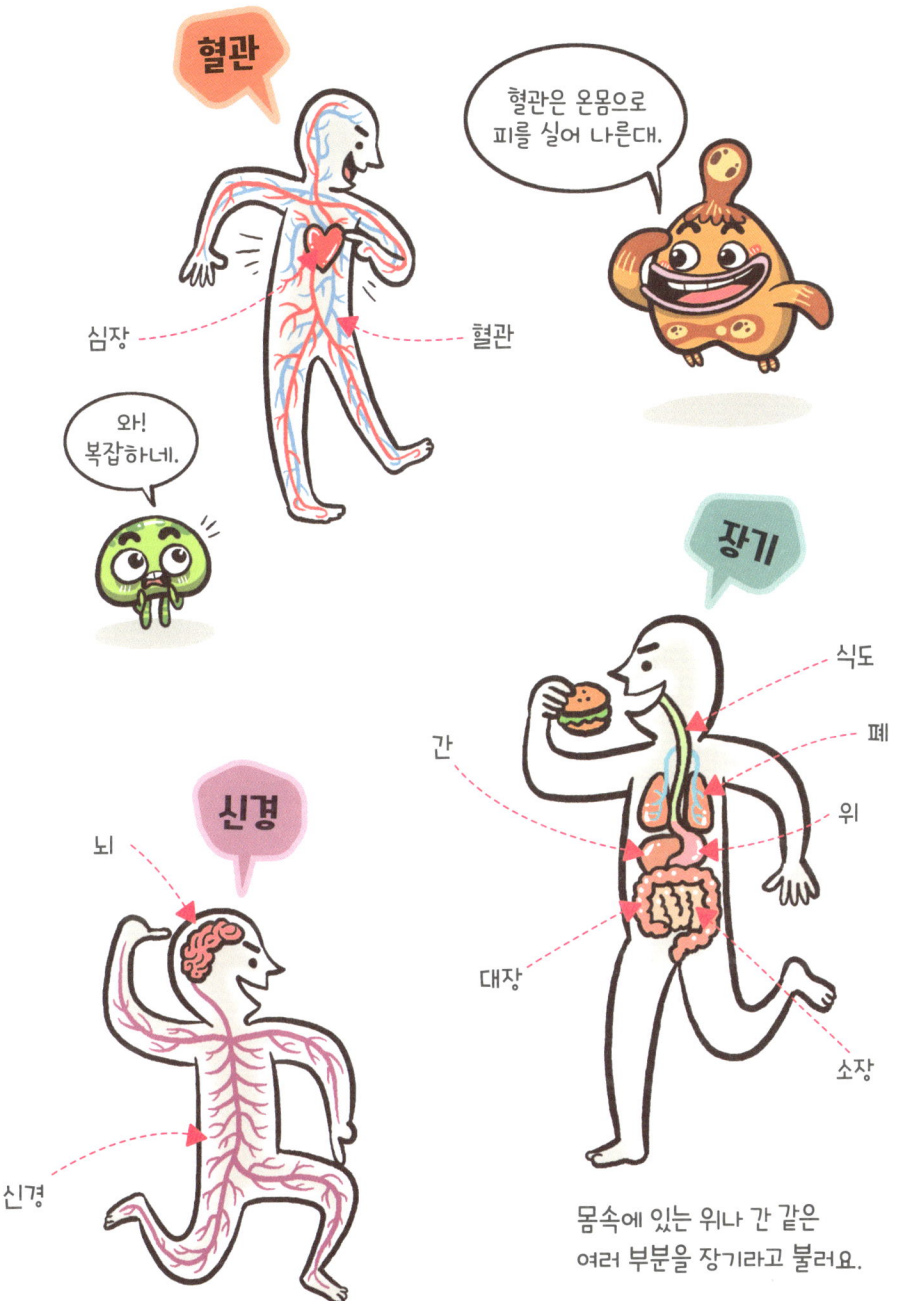

우리가 탐험할 곳은 어디 어디게?

 **Q** 뼈와 근육 | 10p
뼈가 없다면 어떻게 될까?

 **Q** 소화 기관 | 28p
배고프면 왜 꼬르륵 소리가 날까?

 **Q** 소화 기관과 배설 기관 | 44p
변비에 걸리면 왜 배가 아플까?

 **뇌를 비롯한 신경계 | 60p**
시험지만 보면 왜 머릿속이 하얘질까?

 **심장과 혈관 | 82p**
미남이를 보면 왜 가슴이 두근거릴까?

 **호흡 기관 | 96p**
미세 먼지가 많은 날엔 왜 기침이 날까?

 **감각 기관 | 108p**
코가 막히면 왜 맛을 제대로 못 느낄까?

잔소리 대마왕의 등장

"탐험 중엔 방심 금물! 작은 실수가 큰 재난을 불러오는 법. 다들 정신 똑바로 차리도록!"

"걸을 때는 앞을 꼭 보고."

"수다 금지! 떠들다가 길 잃어버리면 어떡할 거야?"

니드리 오빠는 분명 우리를 코흘리개 철부지로 보는 게 틀림없어. **안 그러면 왜 폭풍 잔소리겠어?** 별다를 것도 없는 주의 사항을 어찌나 줄줄 외워 대는지 귀 따가워 죽을 뻔했다니까. 또머거는 마지막 주먹밥을 한입에 털어 넣으며 "차라리 왕세포 쌤이 낫잖아."라고 웅얼거렸어.

왕세포 쌤은 지금 독감 바이러스와 전투 중이거든. 그래서 니드리 오빠가 '임시 탐험 가이드'로 출동한 거고. 까칠하지만 똑똑하기로 이름났으니까 뭐, 다들 군소리 없었지.

한데 세상에나! 잔소리 대마왕일 줄 누가 알았겠어? 끝없는 잔소리에 여기저기서 하품이 터져 나왔어. 바로 그때였지.

괜찮니?

엄청나게 큰 소리와 함께 몸속 세상이 마구 흔들렸어. **으아악! 이게 뭐야?** 다들 당황해서 어쩔 줄 몰랐어. 가장 놀란 건 단연코 어떠케였어.

"무, 무슨 일이야? 세상 망하는 거 아냐?"

어떠케는 겁에 질려 얼굴이 새하얘졌어. 눈물도 그렁그렁했지. 그래, 천하의 겁보가 가만있을 리 없잖아. 그런데 문제는 어떠케가 아니었어. 맙소사! 또 머거가 토하기 시작했어. 이리저리 흔들린 탓에 속이 꽤나 울렁댔나 봐. 다른 친구들도 사정은 비슷했어. 바닥에 널브러진 세포가 한둘이 아니었거든. **대체 왜 이런 일이 일어난 걸까?**

"다들 괜찮아?"

니드리 오빠가 재빨리 곳곳을 살폈어. 다행히도 크게 다친 세포는 없었지.

"휴~ 짱짱이가 또 자전거 타다가 넘어졌나 봐. 요즘 완전 자전거에 꽂혔거든. 부딪치고 뒹굴고 난리도 아니야. 그러니 몸진이 자주 일어날 수밖에."

아! 이게 말로만 듣던 몸진이구나. 어쩐지 하늘이고 땅이고 온 세상이 뒤흔들리더만….

"보통은 몸진에서 끝나는데 이번엔…."

니드리 오빠가 슬며시 말끝을 흐렸어. 어떠케가 걱정스런 목소리로 물었지.

"왜요? 무슨 일인데요?"

"사실은…. 아까 몸진과 함께 엄청나게 큰 소리가 들렸잖아. 아마도 짱짱이 다리뼈가 부러진 거 같아."

"네? 다리뼈요?"

"으, 진짜 아프겠다!"

다들 짱짱이 걱정하느라 난리였어. 사실 짱짱이가 우리고, 우리가 짱짱이잖아. 짱짱이와 우리는 살아도 같이 살고 죽어도 같이 죽는 운명 공동체니까. 아무래도 안 되겠어! 직접 가 봐야겠어.

"오빠, 다리뼈부터 가 보면 안 돼요?"

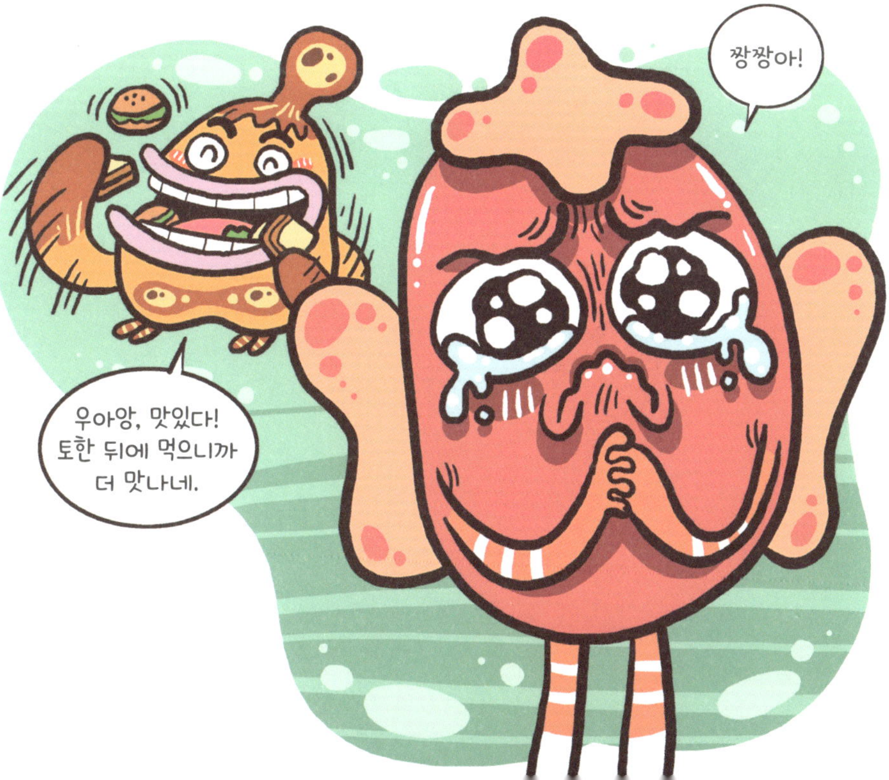

몸진은 몸속 세상의 지진을 뜻해요.

야호! 다리뼈로 가자

　우리는 지금 다리뼈로 출동 중이야. 처음에 니드리 오빠는 원래 탐험 계획과 틀어진다며 귀찮아했어. 살짝 짜증도 냈지.
　하지만 우리가 누구야? 헤헤헤! 일단 꽂히면 죽이 되든 밥이 되든 끝까지 밀어붙이는 '불도저 삼총사'잖아. 조르기도 하고 떼도 쓰고 협박도 하고 온갖 방법을 동원했지. 그런데도 니드리 오빠는 꼼짝을 안 했어. 천하의 고집쟁이 같으니라고. 하지만 이대로 물러날쏘냐? 결국 비장의 무기를 꺼내 들었지, 뭐.

　　창밖 풍경을 바라보며 슬며시 승리(?)의 미소를 지을 때였어.

"한데 뼈가 그렇게 대단해요?"

　　떡꼬치를 먹던 또머거가 생뚱맞은 질문을 했어. 니드리 오빠가 황당한 얼굴로 쳐다봤지.

　　"뭐? 설마 뼈가 무슨 역할을 하는지도 몰라? 기본 중의 기본인데. 대체 뭘 배운 거야?"

　　니드리 오빠가 뭐라고 뭐라고 하는데도 또머거는 듣는 둥 마는 둥 했어. 떡꼬치를 한입 베어 물고는 세상 행복한 표정을 지었지.

"야! 그만 먹고 집중 못 해? 만약 뼈가 없다면 우리 몸이 어떻게 될 것 같아?"

니드리 오빠는 살짝 약이 오른 듯 보였어. 하긴 먹는 거 빼곤 아무 데도 관심 없는 또머거를 처음 보면 다들 기가 차 하니까.

"어? 한번도 생각해 본 적이 없는데…"

어이쿠! 그런데 저 녀석, 오늘은 정도가 더 심한데. 대체 질문은 왜 한 거야? 그냥 떡꼬치나 먹을 것이지. 니드리 오빠의 머리에서 김이 모락모락 나는 거 안 보이나? 폭발 직전의 화산 같은데. 에잇, 나라도 나서야겠어.

"으음… 머리, 어깨, 팔다리 할 것 없이 우리 몸 곳곳을 만져 보면, 부드러운 살 속에 딱딱한 뼈가 느껴져요."

"그래서?"

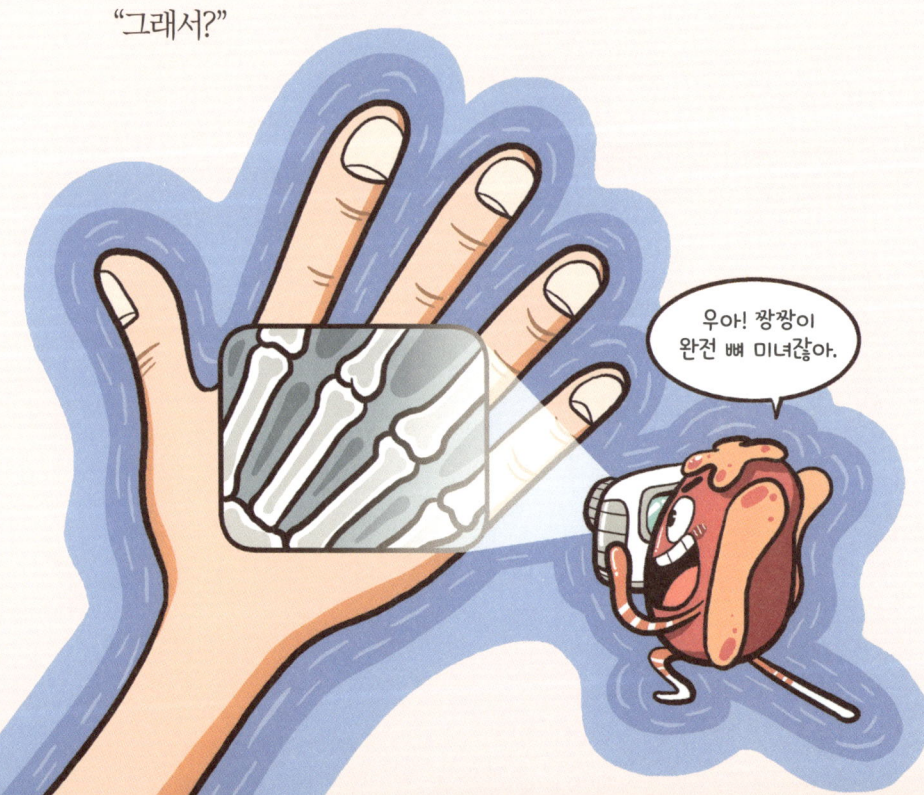

우아! 짱짱이 완전 뼈 미녀같아.

니드리 오빠가 눈썹을 씰룩대며 날카롭게 되물었어. 헉! 뭐, 뭐야? 이러다가 미운털 박히는 거 아냐?

"그, 그래서 뼈가 없다면 우리 몸을 둘러싼 살이 우르르 무너져 내리지 않을까요? 문어처럼 흐물흐물해질 거 같은데…."

우웩, 문어라니! 상상만 해도 징그럽잖아. 그런데 놀랍게도 니드리 오빠의 인상이 조금 풀리는 것 같았어. 내 대답이 꽤 맘에 들었나 봐.

"그래, 딱딱한 뼈는 우리 몸이 형태를 유지하고 지탱할 수 있게 도와주지. **그래서 뼈를 우리 몸의 기둥이라고 하는 거야.**"

그러면서 못마땅한 눈길로 또머거를 바라봤어.

"떡꼬치에서 꼬챙이가 사라졌다고 생각해 봐. 어떻게 될까?"

또머거가 기겁을 하며 대꾸했어.

"으, 왜 그런 말도 안 되는 상상을 하세요? 꼬챙이는 떡꼬치의 중심을 잡아 준다고요. 꼬챙이가 없으면 떡이랑 소시지가 어떻게 한데 모이겠어요?"

# 뼈는 어떤 일을 할까요?

우리 몸에는 무려 200개가 넘는 뼈가 있어요. 머리뼈부터 발뼈까지, 다양한 크기와 모양의 뼈가 우리 몸을 받쳐 주지요. 또 뇌나 심장 같은 몸속 장기를 안전하게 보호해 주어요.

손목뼈

빗장뼈
쇄골이라고 해요

머리뼈
뇌를 보호하는 헬멧 역할을 해요

가슴뼈

척추뼈
목뼈, 꼬리뼈 등을 통틀어 이르며, 우리 몸의 중심을 잡아 주어요

갈비뼈
12쌍의 갈비뼈가 폐와 심장을 보호하지요

어깨뼈
몸통과 팔을 연결해 줘요

골반뼈
아랫배 쪽에 있는 소장, 대장, 방광 같은 장기를 보호해요

정말 뼈가 부러졌잖아

오! 벌써 도착했대. 니드리 오빠의 설명을 듣다 보니, 어느새 다 왔지 뭐야. 그런데 내려서 보니까, 정말로 정강이뼈가 부러졌잖아. 어떠케의 걱정 보따리가 툭 터져 나왔어.

"어, 어떡해? 저러다가 짱짱이 영영 못 걷는 거 아니야?"

"걱정 마! **곧 뼈세포가 땜질을 시작할 테니까.** 또 뼈 틈에서 튀어나온 혈관도 도울 거고. 쟤네들은 부러진 뼈를 붙이는 솜씨가 귀신같거든."

"정말요?"

"그래! 벌써 시작했잖아."

우아! 진짜 번개처럼 빠르네. 뼈세포와 혈관은 부지런히 부러진 뼈를 땜질하기 시작했어. 그제야 안심했는지 어떠케가 크게 한숨을 내쉬었어.

뼛속은 어떻게 생겼을까요?

뼈는 속이 텅 빈 막대기가 아니에요. 뼈를 겉에서 둘러싼 골막 아래에는 단단한 치밀뼈, 구멍이 숭숭 난 해면뼈, 피를 만들어 내는 골수 같은 여러 기관이 들어 있거든요.

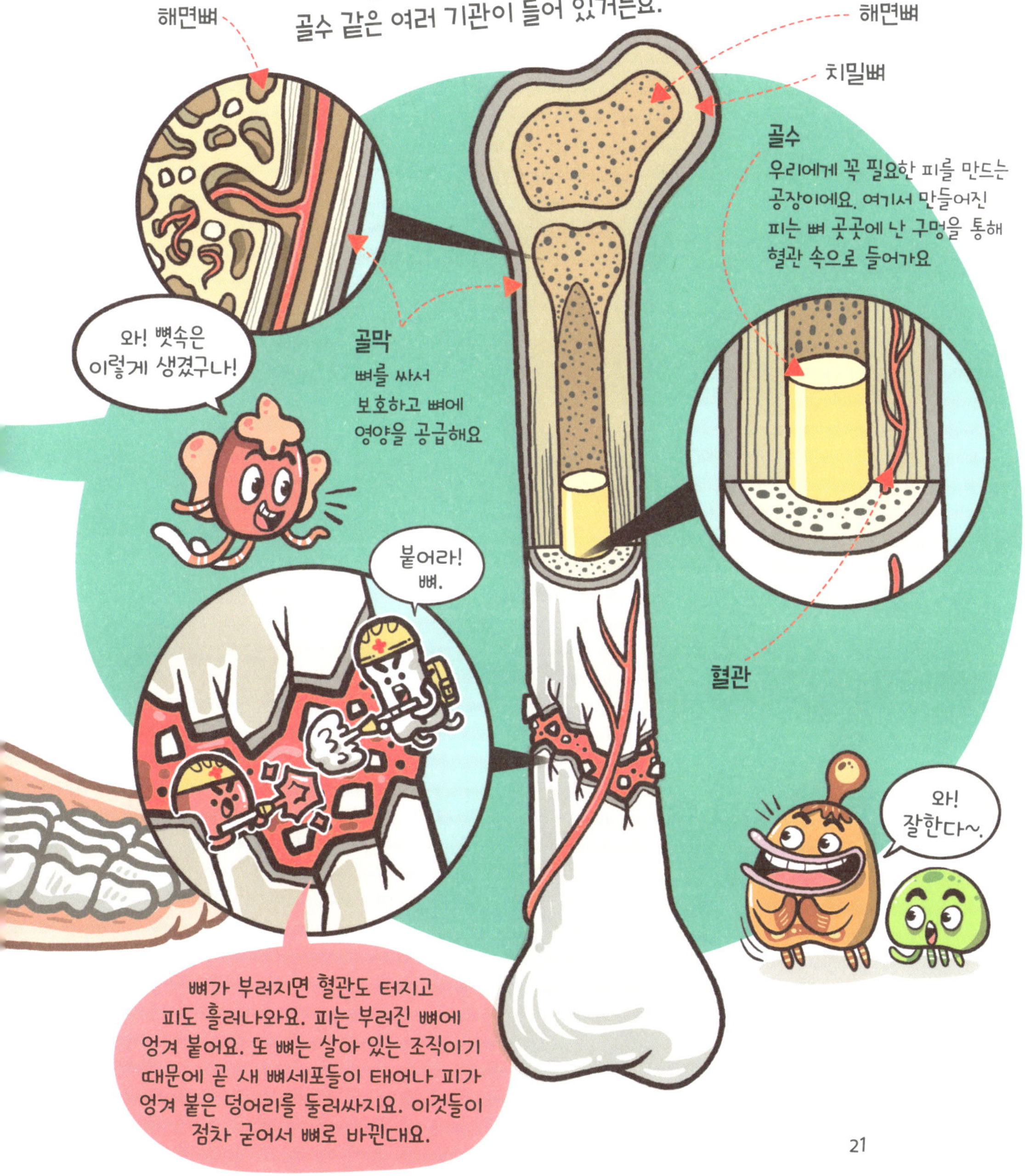

해면뼈

해면뼈

치밀뼈

골수
우리에게 꼭 필요한 피를 만드는 공장이에요. 여기서 만들어진 피는 뼈 곳곳에 난 구멍을 통해 혈관 속으로 들어가요

와! 뼛속은 이렇게 생겼구나!

골막
뼈를 싸서 보호하고 뼈에 영양을 공급해요

붙어라! 뼈.

혈관

와! 잘한다~.

뼈가 부러지면 혈관도 터지고 피도 흘러나와요. 피는 부러진 뼈에 엉겨 붙어요. 또 뼈는 살아 있는 조직이기 때문에 곧 새 뼈세포들이 태어나 피가 엉겨 붙은 덩어리를 둘러싸지요. 이것들이 점차 굳어서 뼈로 바뀐대요.

21

니드리 오빠도 혼잣말하듯 덧붙였지.

"그리고 상황이 이 정도면 짱짱이도 당연히 깁스를 하겠지 뭐. 그럼 더 빨리 뼈가 붙을 거야"

다들 뼈세포의 재빠르고 정확한 땜질 솜씨에 혀를 내둘렀어. 이제 돌아갈 시간이라며 재촉하는 니드리 오빠만 아니었으면 끝까지 다 지켜봤을 텐데. 에잇! 아쉬워.

뼈 버스로 돌아와 생각해 보니, 몸속 세계는 정말 놀라운 거 같아! 그저 흰 막대기라고 생각한 뼛속에 뼈세포, 골수, 혈관 같은 여러 친구가 있을 줄 누가 알았겠어?

으응? 뭐지? 똑또케님이 간만에 기특한 생각을 하는데, 누가 방해하는 거지? 휙 돌아봤더니 역시… 또머거였어. 어쩜 이래? 이번엔 치킨이잖아. 저러다가 진짜로 빵 하고 배 터지는 거 아냐? 또머거는 닭 다리를 크게 베어 물고는 이렇게 웅얼거렸어.

"그럼 뼈만 있으면 몸을 마음대로 움직일 수 있는 건가?"

니드리 오빠는 귀에 보청기가 달린 게 틀림없어. 바로

앞자리의 나도 겨우 들었는데 벌써 코앞까지 오다니. 번개 같았어. 곧장 또머거의 닭 다리를 뺏어 들고는 이렇게 말했지.

"뼈가 있어도 근육이 없으면 우리 몸은 결코 움직일 수 없어. **근육이 뼈를 잡아당겨 몸을 움직이게 해 주거든.** 결국 뼈와 근육이 짝을 이루어야 몸이 제대로 움직일 수 있는 거야."

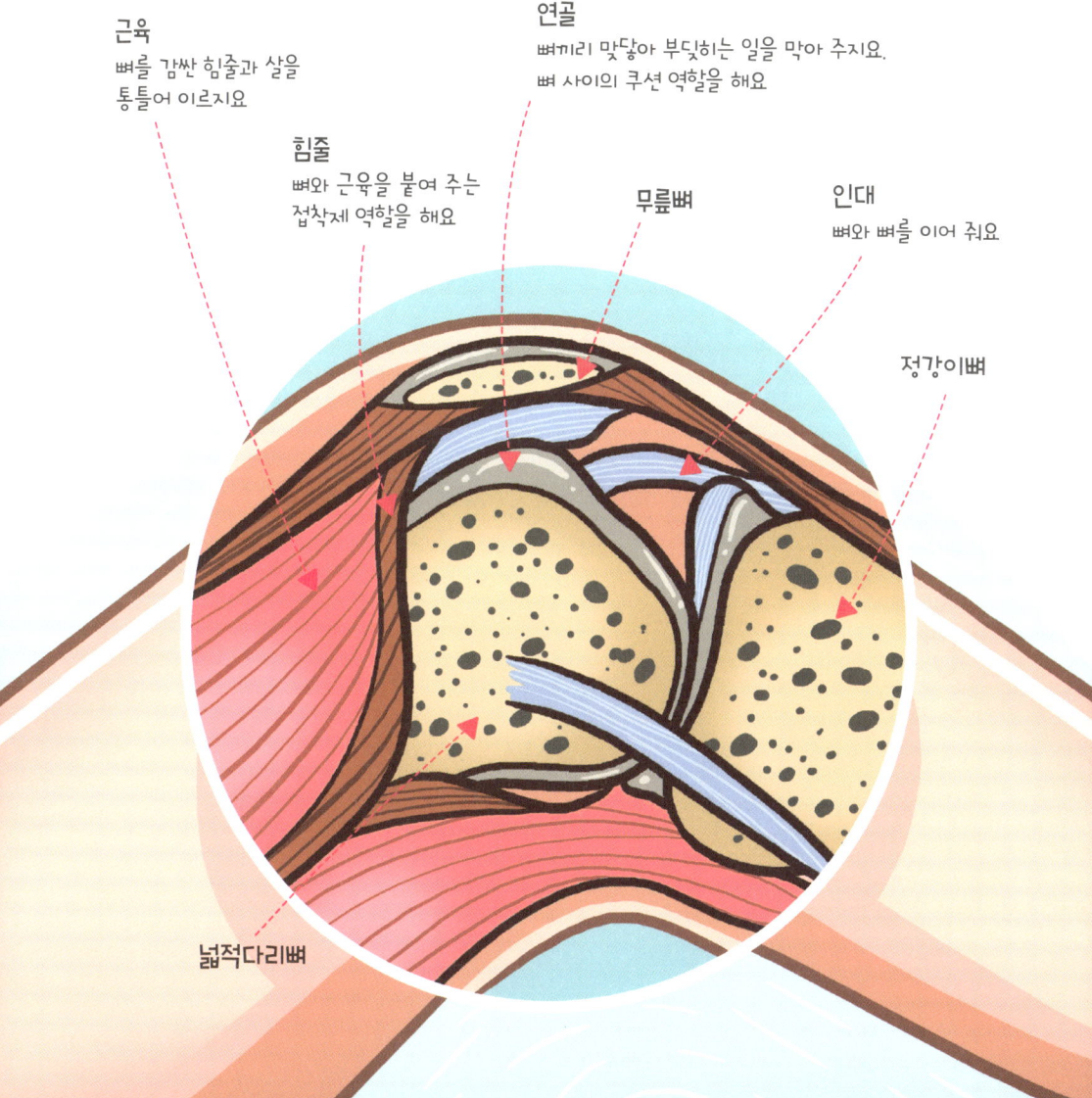

근육
뼈를 감싼 힘줄과 살을 통틀어 이르지요

힘줄
뼈와 근육을 붙여 주는 접착제 역할을 해요

연골
뼈끼리 맞닿아 부딪히는 일을 막아 주지요. 뼈 사이의 쿠션 역할을 해요

무릎뼈

인대
뼈와 뼈를 이어 줘요

정강이뼈

넓적다리뼈

니드리 오빠의 말이 끝나자마자, 또머거가 닭 다리를 낚아채며 말했어.

"오! 역시 뼈와 근육은 떼려야 뗄 수 없는 사이였어. 닭 다리를 먹을 때도 뼈가 손잡이 역할을 해 주는 것처럼. 안 그래?"

"헐! 그래그래, 너라면 그렇게 이해할 수도 있겠지."

니드리 오빠도 반쯤 포기한 표정으로 말을 이었어.

"우리 몸 곳곳에는 600개가 넘는 근육이 있어. 코를 찡긋하는 작은 움직임부터 달리기 같은 큰 움직임까지 모두 근육의 도움이 없으면 할 수 없는 일이야.

수박을 맛있게 먹어요

윙크를 할 수 있어요

신나게 줄넘기를 해요

근육은 크게 2종류로 나눌 수 있지. 먼저 걷거나 물건을 멀리 던질 때 쓰는 근육이 있는데, 흔히 '골격근'이라고 해. 쉽게 말해 뼈에 붙은 근육이야. 골격근은 늘 짝을 지어서 움직여. 한쪽 근육이 줄어들면 반대쪽 근육은 늘어나지! **골격근은 우리가 원할 때 마음대로 움직일 수 있어서 '맘대로근'이라고도 해!**

"닭 다리뼈에 달라붙은 살과 비슷한 근육을 말하는 거군요."
또머거가 닭 다리를 야무지게 씹어 먹으며 말했어.

"그래, 하지만 우리 몸의 근육이 모두 뼈에 붙은 건 아냐! 위, 소장 같은 소화 기관이나 심장에 달라붙은 근육도 있지. 몸속 내장에 붙은 근육은 우리 마음대로 움직일 수 없어. 스스로 움직이거든. **그래서 자기들 맘대로 움직인다고 해서 '제대로근'이라고 하지.**"

니드리 오빠가 이 말을 끝내고는 큰 소리로 "만세"를 불렀어. 무사히 탐험이 끝나서 너무도 홀가분하다나. 그러고 보니 정말로 출발지로 돌아왔어. 힝, 벌써 첫 탐험이 끝나다니! 왠지 아쉽잖아.

 그래서 짱짱이는...

01

"병원에 가면 부러진 뼈를 맞춰 줘. 그런데 무진장 아파서 마취를 해야 해."

"뼈를 맞춘 다음에 깁스를 해. 깁스는 뼈가 잘 붙도록 딱 잡아 주지."

"이게 깁스라는 거?"

엄마랑 병원에 가서 깁스를 했어.

02

날마다 우유를 1컵씩 마신대.
우유에는 뼈에 좋은 칼슘이 잔뜩 들었거든.
멸치, 달걀노른자도 꼭꼭 챙겨 먹고.

03

자전거를 탈 때는 답답해도
꼭 헬멧과 보호대를 한대.

04

꼬박꼬박 운동을 하기로 했어.
운동을 하면 뼈를 자라게 도와주는
성장 호르몬이 많이 나온다지 뭐야.

설마 또 몸진이야?

"오늘은 별일 없겠지 뭐."

또머거가 초코볼을 하나씩 던져 먹으며 말했어. 어떠케는 혹시나 초코볼에 맞을까 봐 이리저리 피하느라 정신없었고. 난 뭐 했냐고? 뇌 지도를 보느라 바빴지. 오늘은 내가 그토록 바라던 뇌 탐험의 날이잖아. **훗! 예습 좀 했어.** 사실 세포계의 뇌섹녀라는 별명이 거저 생기는 건 아니거든. 뇌 지도에 한창 코 박고 있는데, 갑자기 이상한 소리가 들려왔어.

순간 모두 얼어붙었어. 무슨 소리지? 어떠케는 "서, 설마 또 몸진?" 이러면서 바닥에 넙죽 엎드렸어. 또머거도 아닌 척했지만 긴장한 티가 났지. 나도 살짝 불안했고. 멀찍이 서 있던 니드리 오빠가 이상한 낌새를 눈치챘는지 번개처럼 달려왔어.

"왜? 무슨 일이야?"

그때 또다시 그 소리가 들려왔어. 꼬르륵. 우리 눈동자가 저절로 소리 나는 쪽을 향했지. 니드리 오빠가 픽 웃으며 말했어.

"뭐야? 설마 저 소리에 겁먹은 거야?"

"누, 누가 겁을 먹어요? 사고뭉치 나짱짱이 또 무슨 사고를 쳤나 싶어서 잠깐 긴장한 것뿐이에요."

괜히 억울하잖아. 누굴 겁쟁이로 아나? 또머거와 어떠케도 삐죽빼죽했지. 니드리 오빠는 투덜대는 우리를 보더니 갑자기 오늘의 탐험지를 '위'로 바꿔 버렸어. 순 자기 멋대로라니까.

꼬르륵 소리를 따라가다

위에 도착하자마자 꼬르륵 소리가 완전 크게 들렸어. 쩌렁쩌렁했지. 어떠케가 귀를 꽉 틀어막으며 물었어.

"이 소리는 뭐예요? 대체 왜 나는 거예요?"

"이건 배고플 때 위에서 나는 소리야."

"아하! SOS 신호 같은 거군요. 제발 밥을 주세요!"

니드리 오빠가 고개를 끄덕이며 말을 이었어.

"흔히 위는 '음식물 주머니'라고 해. 입을 지나 식

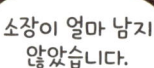

소장이 얼마 남지 않았습니다.

니드리 오빠가 한창 신나서 설명하는데, 비명 소리가 들려왔어.

"으아악! 새싹 세포 살려."

뒤따라오던 어떠케가 갑자기 소리를 지르며 바닥에 털썩 주저앉았어. 어떠케 말이, 위 바닥이 출렁출렁했다나 뭐라나. 그러고 보니 아주 천천히 꿀렁거린 것도 같았어. 하긴 잰 콧바람만 불어도 허리케인 분다고 난리 치니까. 니드리 오빠도 그새 우리 정체를 다 파악했나 봐.

"엄살 대왕, 일어나셔."

밝혀라! 인체의 비밀

위와 위액

위는 음식물이 가득 차면 음식물이 없을 때와 비교해 20배 이상 커진대요. 이때 위에서는 강한 소화액인 위액을 내보내는데, 위액 속에는 염산과 펩시노겐이라는 물질이 들어 있어요. 강한 산성을 띄는 염산은 음식물에 섞여 들어온 세균과 미생물을 없애 주지요. 또 소화 효소인 펩시노겐을 활성화시켜 단백질을 분해해요. 강한 산성과 힘센 소화 효소 탓에 단백질로 만들어진 위가 녹아 버리면 어떡하냐고요? 걱정 마세요. 위에서 뮤신이라는 물질이 나와서 위벽을 감싸듯 보호하거든요.

나짱짱

니드리 오빠는 주저앉은 어떠케를 일으켜 세우고는 재빨리 덧붙였어.

"방금 위가 움직인 거 맞아! 뇌가 위에게 음식이 들어갈 공간을 만들라고 명령했거든."

"명령이오?"

어떠케가 눈이 휘둥그레져서 되물었어.

"그래, **뇌는 우리 몸속 상태를 조절하는 최고의 사령탑이야.** 우리가 하는 거의 모든 일을 지휘하지. 그래서 몸속 영양분이 부족하면 '배고프다.'고 느끼고 위한테 명령을 내리는 거야."

소화의 순서

01 입으로 음식물이 들어가요.

꼭꼭 씹어야 소화가 잘된대.

02 이가 씹고 침이 녹여 음식물을 말랑한 덩어리로 만들어요. 혀도 음식물을 부술 때 도움을 주지요.

음식물이 식도에 머무는 시간은 7초쯤이야.

03 목구멍이 열리면서 음식물이 식도를 따라 내려가요.

04 음식물은 위액과 섞여 죽처럼 걸쭉해져요.

피자 맛있겠다.

침 좀 닦아!

05 음식물은 소장을 따라 밀려 내려가요. 소화된 음식물의 영양분이 소장을 통해 혈관에 흡수되지요.

06 소화되고 남은 음식물 찌꺼기에서 물을 빨아들여요. 마지막까지 남은 찌꺼기는 똥으로 바뀌어 몸 밖으로 나가요.

꼬르륵 소리의 정체를 밝히다

"이제 위의 역할과 소화 과정을 확실히 알았나?"

갑자기 니드리 오빠가 군인처럼 딱딱하게 물었어. 당황했냐고? 무슨 소리? 바로 씩씩하게 "네!"라고 받아쳤는걸. 그래, 졸병처럼! 그 정도 센스는 기본이잖아.

"음, 문제는 오늘처럼 짱짱이 위 속에 음식물이 거의 없을 때야. 늦잠 잔 탓에 아침을 건너뛰더니 점심시간엔 친구들하고 줄넘기하느라고 급식을 먹는 둥 마는 둥 했지. 학교 끝나고선 간식도 마다하고 줄곧 자전거만 탔고."

"뭐? 하루 종일 굶은 거나 마찬가지잖아."

또머거가 흥분해서 초코바를 마구 씹어 먹으며 말했어. 니드리 오빠가 또 불쑥 끼어들었다며 눈치 줬지만 전혀 모르는 거 같았어.

사실 니드리 오빠도 또머거를 반쯤 포기한 것 같았어. 고개를 절레절레 흔들더니 "에구~." 하고 크게 한숨을 내쉬었거든.

"위 안에 음식물이 거의 없어도 위는 뇌의 명령을 받으면 연동운동을 해! 그럼 이때는 뭘 소장 쪽으로 밀어낼까?"

말투는 부드러웠지만 눈빛은 '과연 너희가 알겠어?'라며 한껏 깔보는 느낌이었어. **자존심이 팍 상했지!** 하지만 퍼뜩 답이 떠오르지 않았어. 휴, 텅 빈 공간에 뭐가 있다고 밀어내고 말고 해? 기껏

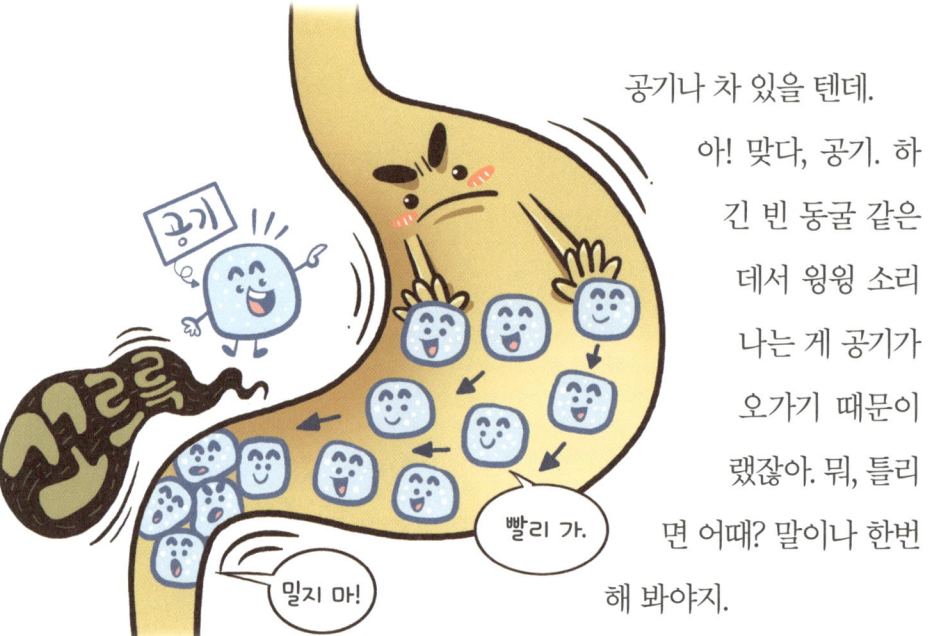

공기나 차 있을 텐데. 아! 맞다, 공기. 하긴 빈 동굴 같은 데서 윙윙 소리 나는 게 공기가 오가기 때문이랬잖아. 뭐, 틀리면 어때? 말이나 한번 해 봐야지.

어머나! 정답인가 봐. 니드리 오빠가 얼굴을 살짝 찌푸리지 뭐야. 푸하하하! 역시 이 똑또케 님의 센스를 어찌 막으리오? 니드리 오빠 말이, 위가 텅 빈 상태에서 연동 운동을 하면 **위 속의 공기가 소장 쪽으로 밀려 나간대. 이때 공기가 한꺼번에 소장으로 몰리면서 위와 소장 벽을 밀어서 꼬르륵 소리가 나는 거래.**

뭐야? 꼬르륵 소리 별거 아니잖아. 괜히 마음을 졸였네. 호호호! 사실 처음에 꼬르륵 소리를 들었을 때, 나도 조금은 겁이 났거든.

그래서 짱짱이는…

앞으로 짱짱이는 꼬르륵 소리를 결코 내지 않기로 마음먹었어.
그때 학교 최고 인기남 한미남이 짱짱이 앞을 지나갔거든.
물론 짱짱이가 미남이를 좋아하는 건 절대 아니야.
흠흠, 그래도 예의는 지켜야지.
그래서 짱짱이는….

밥을 꼭꼭 챙겨 먹기로 했어.
위가 좀 차 있으면 꼬르륵
소리도 덜 나겠지?
그리고 음식을 되도록 천천히 씹어서 먹을 거야.
빨리 먹으면 음식과 함께 공기도 많이 삼키거든.
위 안에 공기가 많아지면 꼬르륵 소리가 커지기 쉽겠지?

허리를 곧게 펴는 습관을 들이겠대.
아무래도 허리나 등을 구부리면
위가 배 근육을 눌러 공기가
소장으로 밀려나기 쉽거든.

03

배고프기 전에 간식을 챙겨 먹거나 물을 자주 마시기로 했어.
물도 꿀꺽꿀꺽 마시지 않고 음식을 씹는 것처럼 꼭꼭 씹으면서
삼킬 거랬어. 그러면 뇌에서 음식을 씹는다고 생각해서
배고프다는 명령을 내리는 일을 늦출 수 있대.

04

사이다, 콜라 같은 탄산음료를
되도록 마시지 않기로 했어.
탄산음료 속의 탄산 가스가
위에 모여서 꼬르륵 소리를
낸다지 뭐야.

음식물과 5대 영양소

지방은 우리가 힘을 내고 체온을 유지하는 데 도움을 주지요. 또 뇌와 신경 세포를 이루는 중요한 물질이에요. 그래서 우리 몸에 꼭 필요해요. 하지만 많이 먹으면 몸에 해롭대요. 기름, 땅콩, 호두 등에 많이 들어 있어요.

단백질은 피와 살을 만들어요. 또 병을 이겨 내는 힘을 길러 준답니다. 그래서 단백질이 부족하면 잘 자랄 수 없어요. 고기, 생선, 콩, 달걀, 두부 등에 많이 들어 있어요.

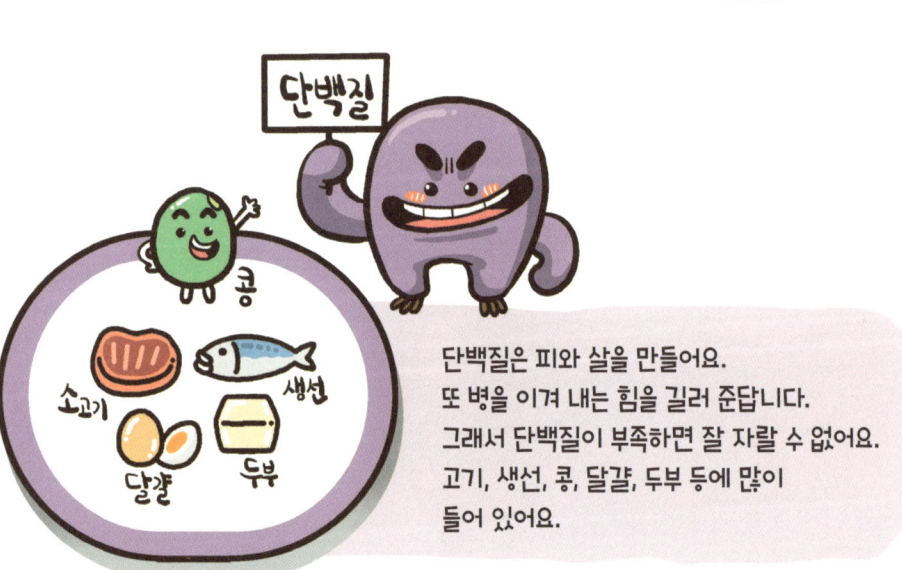

탄수화물은 우리 몸이 움직이는 데 필요한 힘을 내게 해 주어요. 부족하면 몸무게가 줄고 몸이 약해질 수 있어요. 밥, 빵, 고구마, 감자, 국수 등에 많이 들어 있어요.

비타민과 인, 철 같은 무기질은 몸의 각 부분이 일을 잘하게 도와주어요. 부족하면 쉽게 피곤하고 병에 잘 걸리지요. 채소, 과일, 해조류 등에 많이 들어 있어요.

칼슘은 뼈를 이루는 대표적인 무기질이에요. 적게 먹으면 뼈가 약해져서 잘 자라지 못하고, 정신을 집중하기 힘들지요. 우유, 치즈, 요구르트 등에 많이 들어 있어요.

아이고, 배야! 나짱짱 살려~

"삐용 삐용."

위에서 소장으로 넘어가려는 바로 그때였어. 갑자기 비상벨이 정신 사납게 울렸지. 휴, 정말이지 짱짱이 몸속은 단 한순간도 조용할 날이 없다니까.

사고뭉치 몸 주인을 만난 것도 운명이겠거니 하면서 한숨을 푹 내쉬는데, 갑자기 뭔가가 머리 위에 툭 떨어졌어. 웬 헬멧? 니드리 오빠였어. 멍 때릴 시간 없다며 다짜고짜 우리를 잡아끌었지.

"대장 쪽에서 긴급 SOS가 들어왔다. 어서들 움직여!"

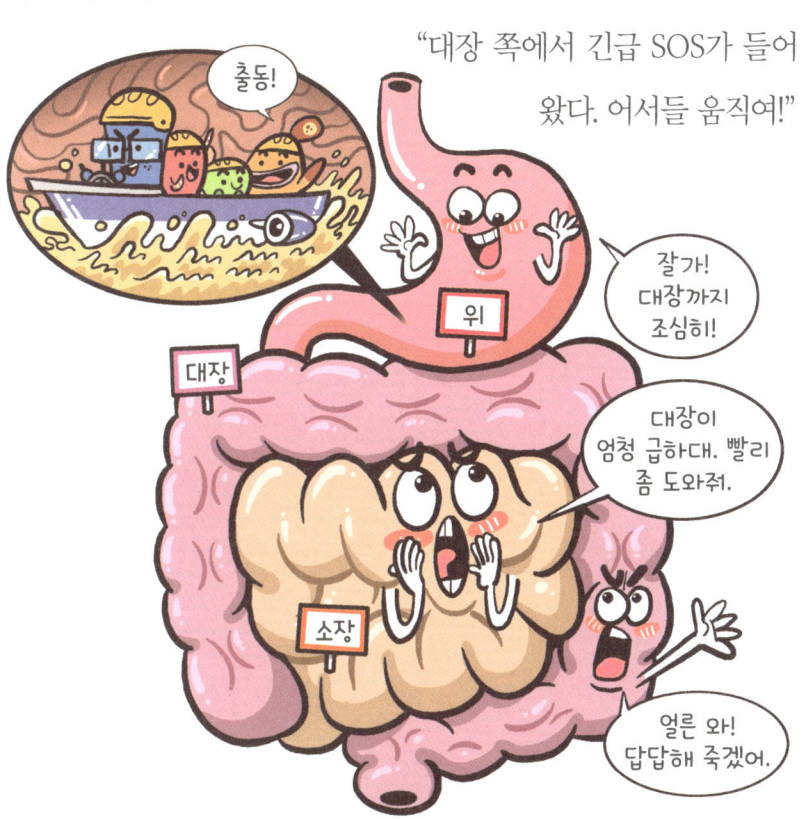

출발과 동시에 어떠케가 "으아악!" 비명을 질렀어. 정말 초스피드로 날아갔거든. 다들 아우성이었지. 그런데 솔직히 말하면, 꽤 재미있었어. 꼬부랑꼬부랑 소장 터널을 지날 때는 완전 스릴 만점이었어! 꼭 후룸 라이드를 탄 것 같았지. **소장 곳곳에 퍼진 융털이 영양분을 착착 낚아채는 모습도 꽤 볼 만했어.** 성능 좋은 청소기처럼 영양분을 쏙쏙 빨아들이더라고. 물론 어떠케는 기절해서 잘 모르겠지만.

문제는 대장이었어. 말도 마! 스멀스멀 구린내가 어찌나 코를 찌르는지, 겨우 깨어난 어떠케가 다시 기절할 판이었어. 내가 코를 막으며 물었지.

"으, 지독해! 대체 무슨 냄새예요?"

"대장에서는 소장에서 내려보낸 음식물 찌꺼기에서 수분을 빼내거든. 이게 소화의 마지막 단계야. 그러면서 대장 속 세균이 음식물 찌꺼기를 분해하는데, 이때 구린내와 가스가 나오는 거지."

"아! 그럼 이 꾸리꾸리한 냄새가 바로…!"

"맞아, 방귀가 되지. 그리고 물까지 쏙 빠진 음식물 찌꺼기와 세균이 뭉쳐져서 몸 밖으로 나오는 게 바로 똥이야."

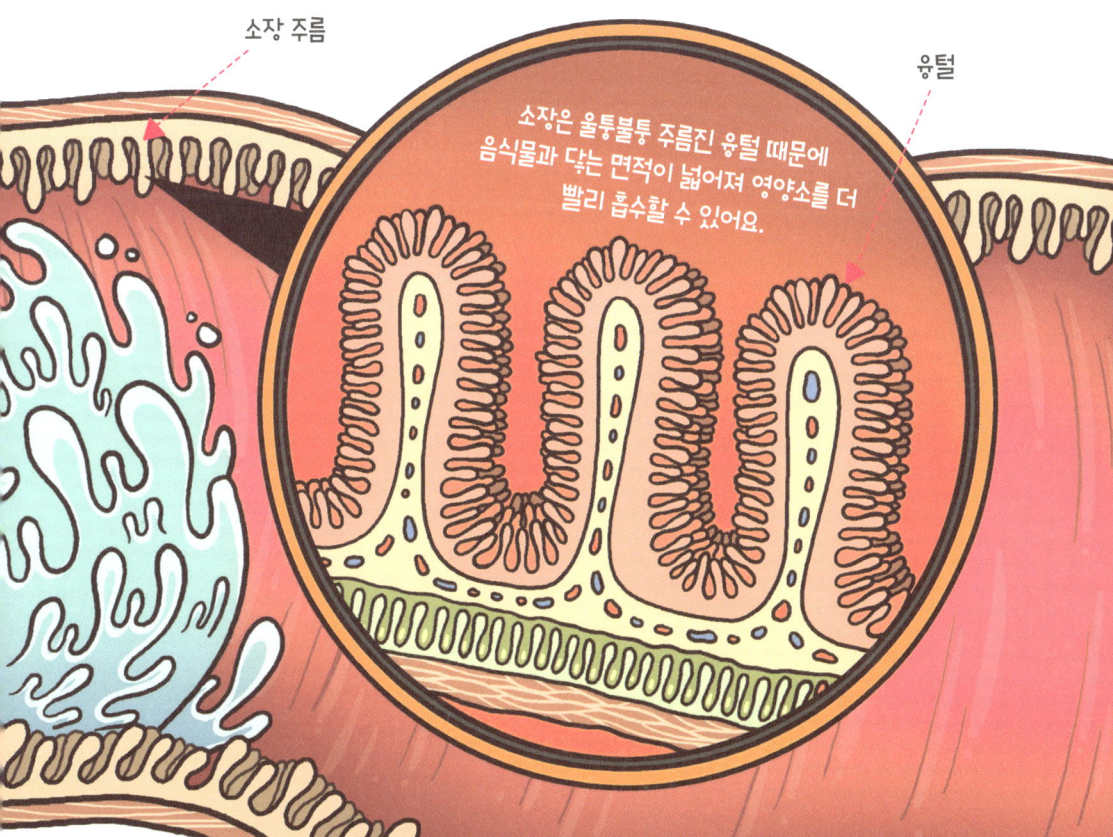

소장 주름

융털

소장은 울퉁불퉁 주름진 융털 때문에 음식물과 닿는 면적이 넓어져 영양소를 더 빨리 흡수할 수 있어요.

구린내를 뚫고 겨우 괄약근 가까이에 다다랐더니, 헉! 이게 웬일이야? 눈앞에 똥이 잔뜩 쌓여 있었어. 교통 체증도 아니고 똥 체증이라니! 또머거가 간신히 구역질을 참으며 말했어.

"으악! 똥 냄새. 짱짱이 녀석, 왜 몸속에 똥을 쌓아 둔 거야?"

"우엑, 꼭 똥 공장에 온 것 같아."

어떠케가 맞장구를 치자, 니드리 오빠가 사정이 있다며 짱짱이 편을 들었어.

"**보통은 어느 정도 똥이 차면, 대장이 신경을 통해 뇌에 똥이 쌓였다는 정보를 보내지.** 그럼 뇌는 몸 밖으로 똥을 내보내라고 명령을 내려. 하지만 요즘 짱짱이는 불꽃 다이어트 중이거든."

"응? 다이어트랑 똥이랑 무슨 상관이에요?"

"다이어트를 하면 식사를 거르는 일이 많잖아. 또 먹는 음식의 양도 줄어들고. 그럼 당연히 음식물 찌꺼기인 똥의 양도 줄지 않겠어? 똥이 충분히 모이지 않으면, 뇌는 똥을 몸 밖으로 내보내라는 명령을 내리지 않아. 그러는 사이 며칠 동안 쌓인 똥은 대장에 머물며 계속 수분을 뺏기겠지? **결국엔 딱딱하고 뻑뻑해질 수밖에**

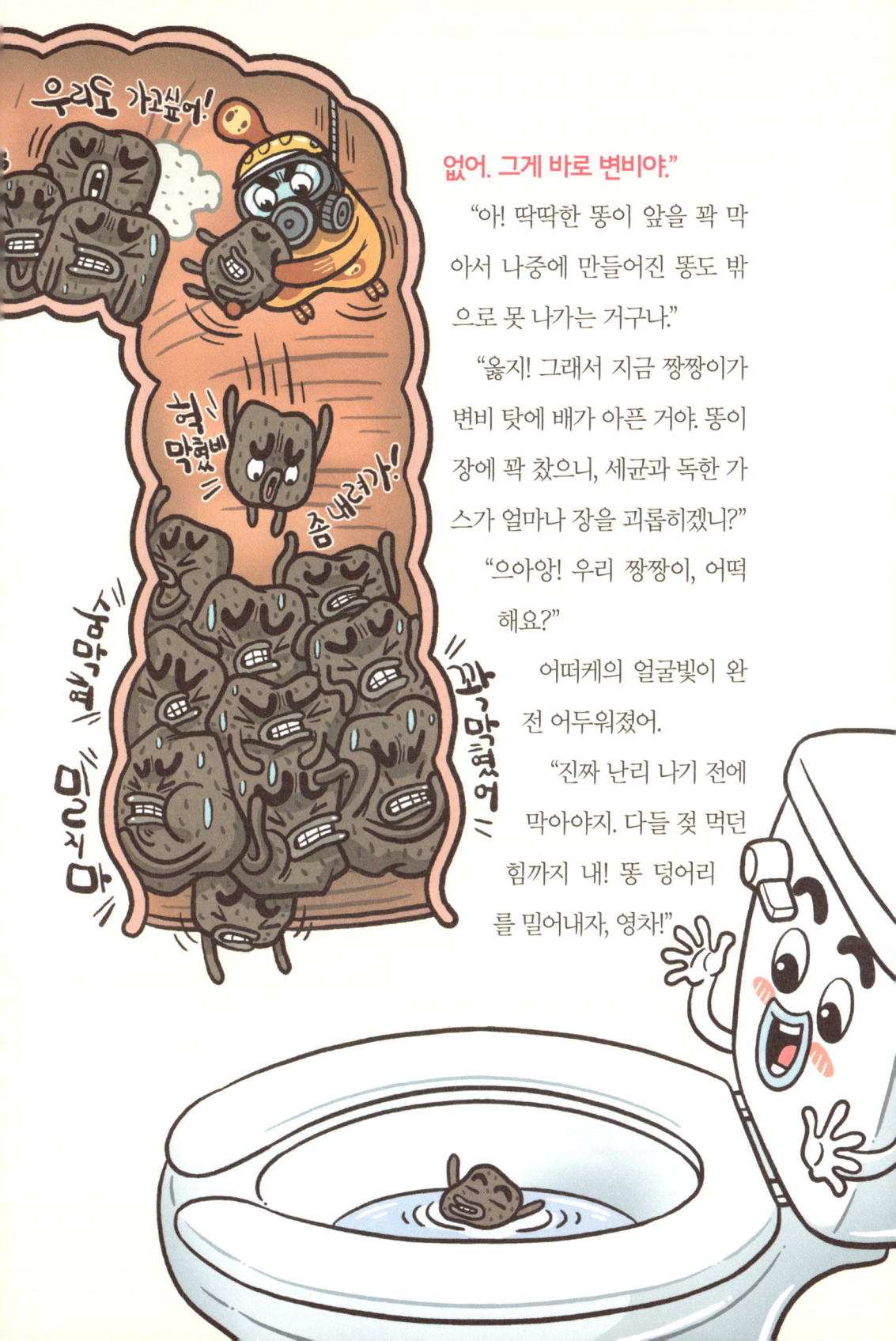

"없어. 그게 바로 변비야."

"아! 딱딱한 똥이 앞을 꽉 막아서 나중에 만들어진 똥도 밖으로 못 나가는 거구나."

"옳지! 그래서 지금 짱짱이가 변비 탓에 배가 아픈 거야. 똥이 장에 꽉 찼으니, 세균과 독한 가스가 얼마나 장을 괴롭히겠니?"

"으아앙! 우리 짱짱이, 어떡해요?"

어떠케의 얼굴빛이 완전 어두워졌어.

"진짜 난리 나기 전에 막아야지. 다들 젖 먹던 힘까지 내! 똥 덩어리를 밀어내자, 영차!"

똥의 짝꿍 오줌은?

다들 온 힘을 다해 똥을 밀어내고 기진맥진했어. 팔이 후덜덜 떨렸지. 니드리 오빠가 수고했다며 나눠 준 쭈쭈바조차 먹을 힘이 없었어.

"쭈욱, 쭉쭉."

헉! 이 기운찬 소리는⋯. 그래, 이제 눈 감고도 맞히겠지? 또머거야. 먹을 땐 호랑이 기운이 솟아나는 애니까.

"에헴! 이 몸이 직접 몸 밖으로 내보내기까지 했으니, 어디 가서 똥 얘기할 때 꿀리진 않겠어. 그래서 말인데 똥 하면 자동으로 찰싹 달라붙는 오줌 있잖아⋯."

"그래, 나도 똥의 단짝 오줌이 궁금하더라. 대체 오줌은 어떻게 몸 밖으로 나갈까?"

내가 또머거의 말을 잽싸게 가로챘어. 쟤가 요즘 말이 점점 길어지더라고.

"뭐야? 하나를 배우면 열을 알아야지. 오줌이나 똥이나 그게 그거잖아. 똑같은 방법으로 나오겠지, 뭐."

또머거가 잘난 척하며 말했어. 뭐, 맞는 말 같기도 해. 그때였어.

"으아아앙."

세상에! 순식간에 또머거 머리에 왕방울만 한 혹이 생겼잖아. 니드리 오빠가 번개처럼 꿀밤을 먹였지 뭐야.

"어디서 헛소리야? 모르면 제발 가만이나 있어라! **배설과 배출은 엄연히 다르거든**. 오줌이나 땀 같은 노폐물을 몸 밖으로 내보내는 건 배설이고, 우리가 먹은 음식물 가운데 소화되지 않은 찌꺼기, 그러니까 똥을 내보내는 건 배출이라고."

니드리 오빠가 씩씩거리며 말했어. 하지만 다들 뭔 소리하는지 몰라서 눈만 껌벅껌벅했지. 그랬더니 한풀 꺾여서 "에구~ 이럴 줄 알았어. 기대한 내가 바보지." 이러면서 곧바로 방울방울호를 호출하더라. 오! 이게 웬 횡재야? 꼭 놀이동산에 온 거 같잖아.

"자! 여기가 배설이 이루어지는 신장이야. 흔히 콩팥이라고 하지."

"히히, 강낭콩 닮았네."

"아냐, 색깔이 딱 팥인걸."

아옹다옹하는 또머거와 어떠케를 무시한 채 니드리 오빠가 말을 이었어.

"우리 몸의 배설은 크게 2가지, 땀과 오줌으로 이루어진다. 땀은 피부를 통해 나가고, 콩팥에서 만들어진 오줌은 방광에 잠시 머물다가 몸 밖으로 나가지. 음, 백 번 듣는 것이 한번 보는 것만 못하니까 직접 살펴볼까?"

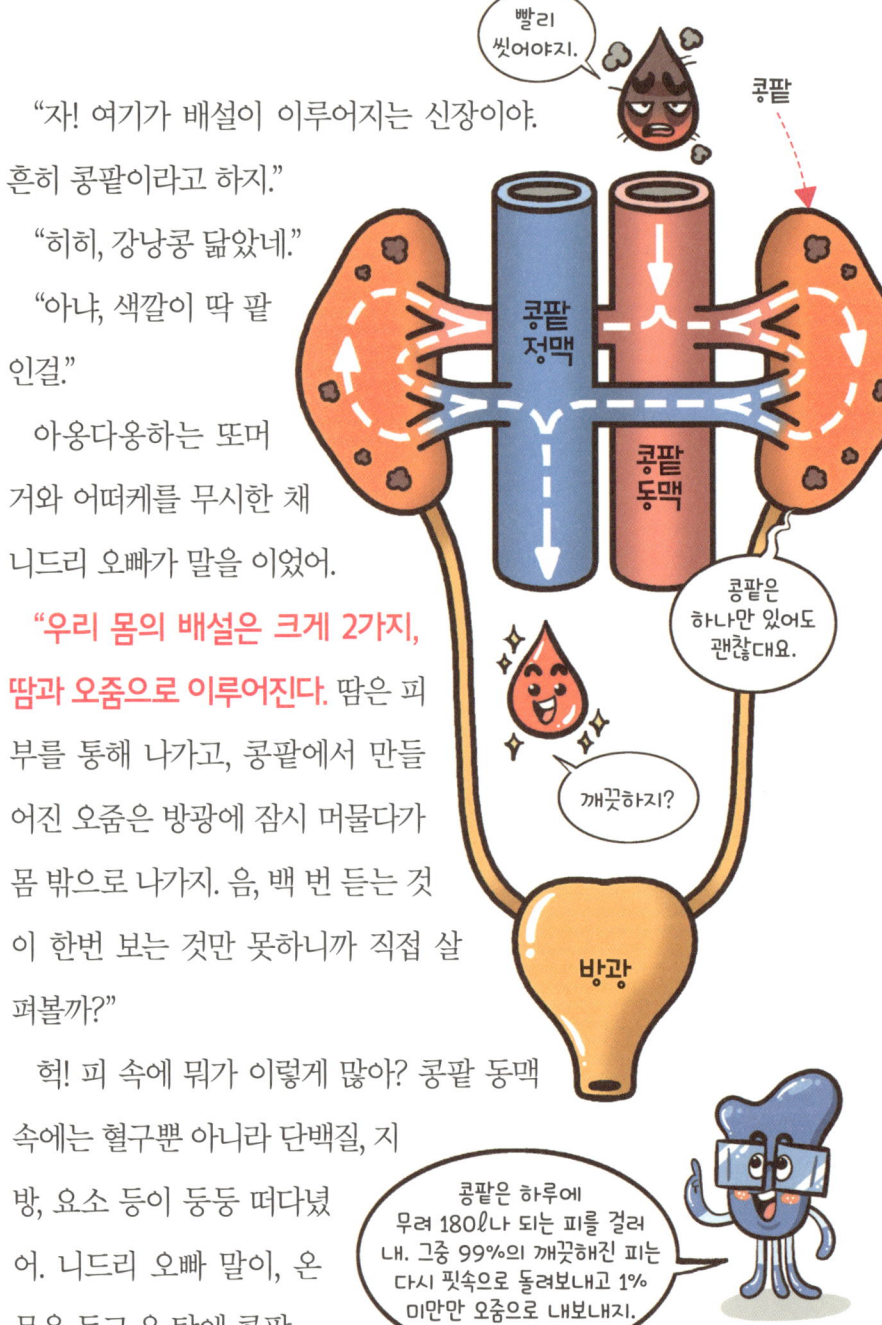

헉! 피 속에 뭐가 이렇게 많아? 콩팥 동맥 속에는 혈구뿐 아니라 단백질, 지방, 요소 등이 둥둥 떠다녔어. 니드리 오빠 말이, 온 몸을 돌고 온 탓에 콩팥

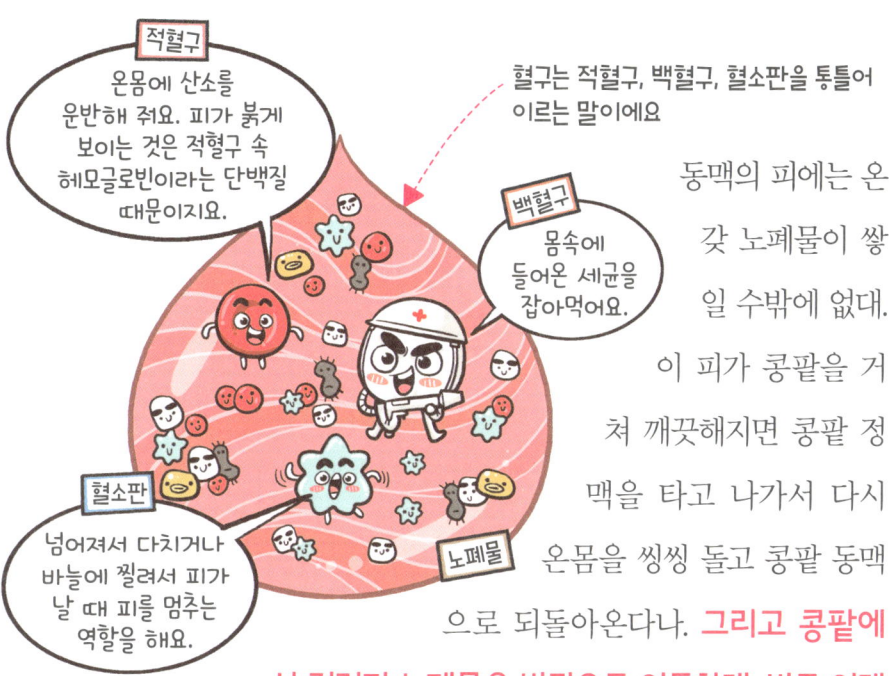

동맥의 피에는 온갖 노폐물이 쌓일 수밖에 없대. 이 피가 콩팥을 거쳐 깨끗해지면 콩팥 정맥을 타고 나가서 다시 온몸을 씽씽 돌고 콩팥 동맥으로 되돌아온다나. **그리고 콩팥에서 걸러진 노폐물은 방광으로 이동한대. 바로 이게 오줌이야.** 그래서 방광이 어느 정도 차면 오줌이 마려운 거였어!

"와! 콩팥 말야, 꼭 정수기 같아. 더러운 걸 깨끗이 걸러 주니까."

니드리 오빠가 살짝 놀란 눈치였어. 또머거가 갑자기 똑똑하게 대답해서 그런가 봐. 후훗, 우리라고 늘 엉뚱한 건 아니라고!

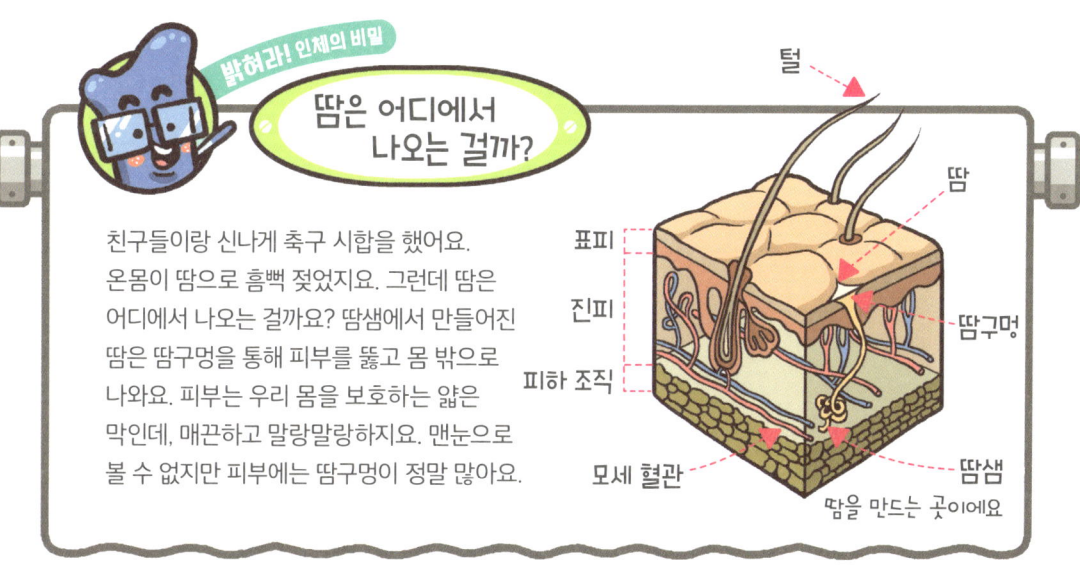

땀은 어디에서 나오는 걸까?

친구들이랑 신나게 축구 시합을 했어요. 온몸이 땀으로 흠뻑 젖었지요. 그런데 땀은 어디에서 나오는 걸까요? 땀샘에서 만들어진 땀은 땀구멍을 통해 피부를 뚫고 몸 밖으로 나와요. 피부는 우리 몸을 보호하는 얇은 막인데, 매끈하고 말랑말랑하지요. 맨눈으로 볼 수 없지만 피부에는 땀구멍이 정말 많아요.

팟캐스트

슈퍼스타 Mr. 쉬야를 만나다

 안녕하세요? 오늘은 배설계의 슈퍼스타 Mr. 쉬야를 모셨습니다. Mr. 쉬야, 구독자 여러분께 인사 부탁드립니다.

 안녕하세요? 오랜만에 뵙겠습니다.

 네, 겨울철이라 더더욱 바쁘시죠? 열혈 구독자 부르르 군도 추울수록 올라가는 Mr. 쉬야의 인기가 부럽다네요. 인기의 비결을 밝혀 주실 수 있을까요?

하하하! 제가 겨울철에 유독 바쁜 건 늘 인간의 몸이 일정하게 물과 체온을 유지하려고 애쓰기 때문이지요. 인간은 하루 평균 2ℓ의 물을 똥, 오줌, 땀 따위로 내보내거든요. 그런데 날씨가 추워지면, 땀을 덜 흘리기 때문에 오줌의 양이 늘어날 수밖에 없어요.

또 겨울철에는 우리 몸이 체온을 유지하기 위해 좀 더 많은 에너지를 필요로 합니다. 에너지를 만들려면 몸속 영양분을 빠르게 분해해야 하는데, 이때 오줌 같은 찌꺼기도 많이 생겨나는 것이지요.

음료수를 많이 마신 날엔 오줌을 자주 누어 물을 내보내지요.

인간은 몸의 60% 이상이 물로 이루어졌대요.

땀을 많이 흘린 날엔 몸 밖으로 빠져나간 물의 양을 채우려고 물을 자주 마시지요.

수분 90% → 수분 60% ← 수분 40%

네, 친절한 답변 잘 들었습니다. 그럼 Mr. 쉬야의 최고 히트곡 〈졸졸졸, 잘도 흐르네〉를 듣고 다음 순서로 넘어가겠습니다.

찜질방

그래서 짱짱이는…

짱짱이는 한바탕 소동을 피우고는 소식(?)이 오자마자 곧장 화장실로 달려갔어.
얼마 뒤에 교실로 돌아와서는 아무 일 없다는 듯 자연스럽게 자리에 앉았지.
슬쩍 보니 다행히 미남이는 잠깐의 소동을 전혀 눈치채지 못한 듯싶었어.
이번엔 잘 넘어갔지만 다음에 또 그러면 어떡하지?
눈앞이 캄캄했어. 그래서 짱짱이는….

01
식사를 거르지 않기로 했어.
밥을 많이 먹을수록 똥의 양이 많아져
똥 누기가 훨씬 쉽대.
특히 아침을 꼭 챙겨 먹기로 다짐했지.
맙소사! 아침을 안 먹는 사람의 대부분이
변비로 고생한다는 걸 누가 알았겠어?

02
변기에 앉아서는 만화책, 핸드폰 따위를 절대
보지 않는대. 오직 똥 누는 일에만 집중한다나.
변기에 앉는 시간도 10분을
넘기지 않고.

03

아침 먹고 화장실에 가는 습관을 들였어.
누구의 방해도 없이 조용히 화장실을 써야 마음이
편하잖아. 누가 문을 열 것 같으면 불안해서
똥이 잘 안 나오거든.
또 밥을 먹고 나면, 위와 장이
힘차게 움직여 소화가 잘된대.
똥을 누고 싶다는 느낌도 강하게 오고!
그래서 아침 먹고 나서가
똥 누기의 황금 타임이래.

04

무조건 하루에 1컵씩 양배추 주스를
마신대. 양배추, 고구마, 사과처럼
섬유질(식이 섬유)이 풍부한 음식을
먹으면, 똥의 양도 늘고 대장도 활발히
움직여서 똥 누는 게 훨씬 쉽대.

05

훌라후프를 시작했어. 훌라후프 말고도
누워서 자전거 타기처럼 배의 근육을
강화시키는 운동이면 무엇이든 좋대.

Mr. 뿡입니다! 최고의 똥을 찾아봐요

1. 동글동글한 똥
변비에 걸렸을 때 나와요.
작고 딱딱한 똥이 2~10개 정도
뚝뚝 떨어지지요.

2. 단단한 똥
작고 단단한 똥이 여럿 뭉쳐서
나와요. 변비 직전의 똥이에요.

> 건강한 똥은 냄새가 별로 나지 않아요.

3. 주름진 똥
똥 겉표면에 금이 갔어요.
꼭 소시지 모양이죠?
심해지면 변비가 되지요.

4. 바나나 똥
시원하게 한 덩이씩 떨어져요.
황금색을 띠면 그야말로
최고의 똥이죠.

> 나 꽤 멋지죠?

1-7번까지는 똥을 딱딱함, 모양 등에 따라 7단계로 나눈 국제 기준 (브리스톨 스케일)에 맞춰 분류한 것이에요.

5

연한 똥
부드럽지만 똥 덩어리가 끊어져요.

6

물렁 똥
물렁물렁하고 물기가 많아요. 설사 직전의 똥이에요.

7
 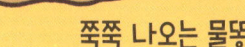

쭉쭉 나오는 물똥
물같이 줄줄 나오는 설사예요. 대장에서 물을 거의 흡수하지 못해서 그래요.

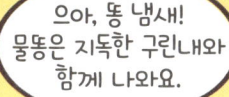
으아, 똥 냄새! 물똥은 지독한 구린내와 함께 나와요.

 **Mr. 쉬야의 한마디**

오줌의 색깔과 냄새, 탁한 정도 등으로 건강 상태를 알아볼 수 있어요.

맑은 황갈색
건강한 오줌이에요.

맹물색
물을 지나치게 많이 먹었을 때 나와요.

주황색
물이 부족해서 탈수 증상을 겪어요.

피색
콩팥, 방광 등에 출혈이 있어요.

야호! 드디어 뇌 탐험이야

여기가 어디게? 그래, 내가 그토록 와 보고 싶었던 바로 거기! 마침내 뇌에 왔어. 어때? 멋지지? **저기 구불구불한 뇌 주름 좀 봐**. 주름 골짜기마다 뭔가 특별한 이야기가 숨어 있을 것 같지 않아?

어디부터 탐험할 거냐고? 당연히 뇌의 중심인 대뇌지. 니드리 오빠도 나랑 같은 생각인가 봐. 대뇌의 각 마을 대장들과 탐험 순서를 정하는 중이거든. 서로 자기네 마을부터 오라고 난리들이야.

어! 탐험 순서가 결정 났나 봐. 니드리 오빠가 우릴 보며 "운 좋은 녀석들."이라네. 오늘 아주 특별한 경험을 할 수 있을 거라는데, 대체 무슨 일일까?

으, 완전 실망이야! 첫 탐험지가 왜 측두엽이야? 난 전두엽부터 보고 싶었는데! 전두엽이 대뇌 중에 가장 크니까 볼거리도 많지 않겠어? 속상한 마음에 "아! 짜증 나." 이러면서 터덜터덜 걸어가는데, 뒤에서 한 녀석이 슬금슬금 약을 올리잖아.

"암튼 유난 떨기는. 순서가 뭐 그리 중요하냐? 어차피 다 돌아볼 텐데. 그리고 특별한 것도 별로 없잖아."

뭐? 특별한 게 없어? **뇌는 우리 몸이 하는 거의 모든 일을 결정하는데!** 내가 발끈해서 받아치려는데, 또머거가 잽싸게 나섰어.

"당장 사과해! 뇌가 고소하고 영양 많은 호두를 빼닮은 것

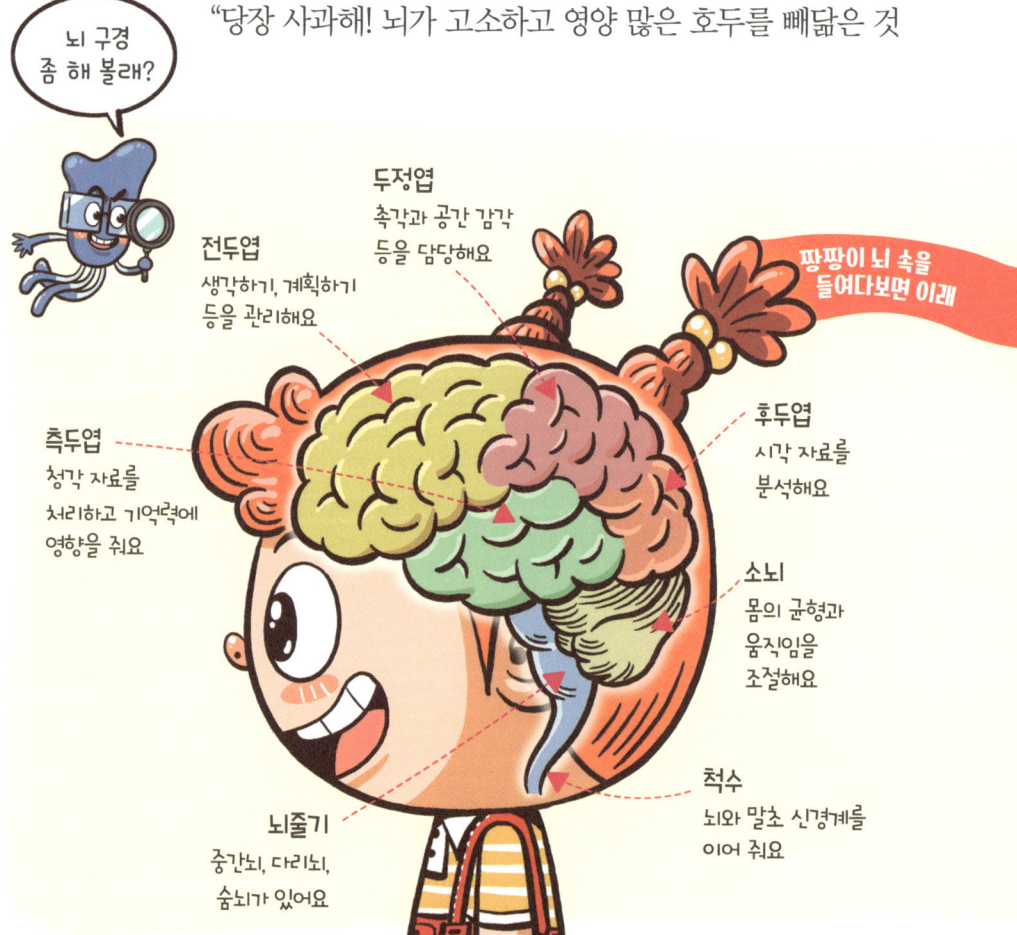

뇌 구경 좀 해 볼래?

짱짱이 뇌 속을 들여다보면 이래

두정엽 촉각과 공간 감각 등을 담당해요

전두엽 생각하기, 계획하기 등을 관리해요

측두엽 청각 자료를 처리하고 기억력에 영향을 줘요

후두엽 시각 자료를 분석해요

소뇌 몸의 균형과 움직임을 조절해요

척수 뇌와 말초 신경계를 이어 줘요

뇌줄기 중간뇌, 다리뇌, 숨뇌가 있어요

안 보여? 그것만 봐도 뇌는 분명 중요한 신체 기관이 틀림없어."

헉! 왜 내가 창피하지? 친구야, 네 머릿속에 오직 음식 생각뿐이라는 걸 굳이 알려야 했니? 약 올리던 녀석도 황당했는지 입만 벙긋거렸어. 말싸움도 상대가 돼야 하는 거잖아. 서로 말없이 쏘아보는 녀석들 머리 위로 니드리 오빠의 목소리가 들려왔어.

"저기 봐! 드디어 시작했어."

어? 뭐지? 어디서 축구 시합이라도 하나? 무슨 일일까? 다들 얼른 가 보고 싶어서 엉덩이를 들썩들썩했어. 웬일인지 니드리 오빠도 슬며시 부추겼지.

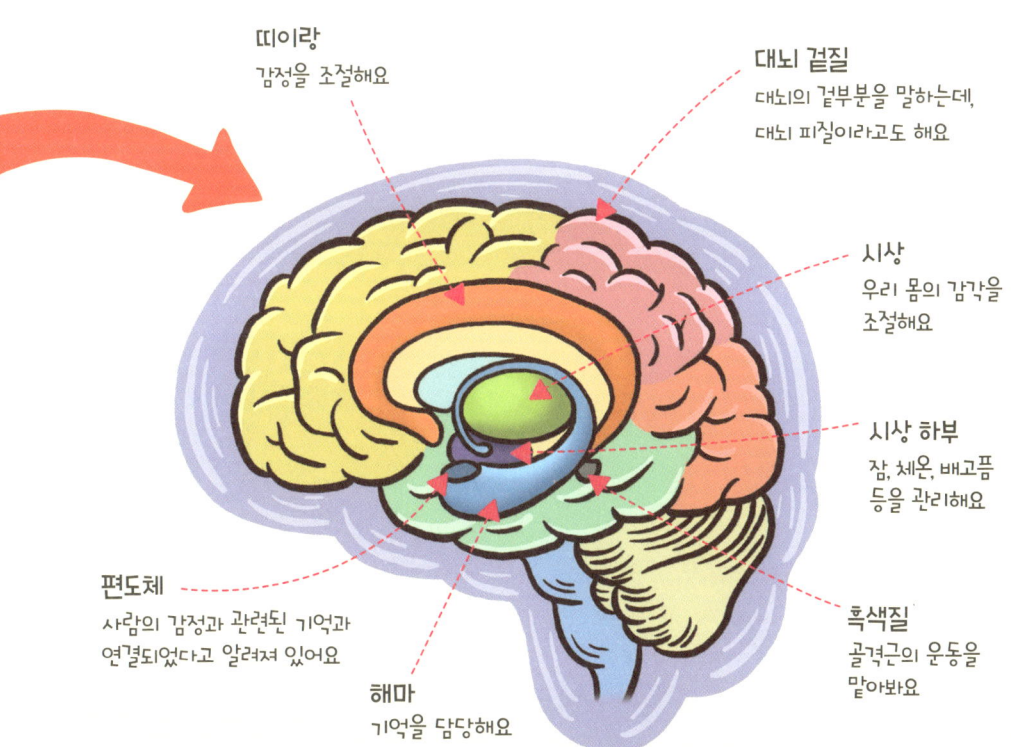

"안 가고 뭐 해? 머뭇대다가 좋은 구경 놓치겠다."
서둘러 달려갔더니, 맙소사! 이게 웬일이야? 순간 택배 회사에 온 줄 알았잖아. 무슨 상자가 저렇게 많지?

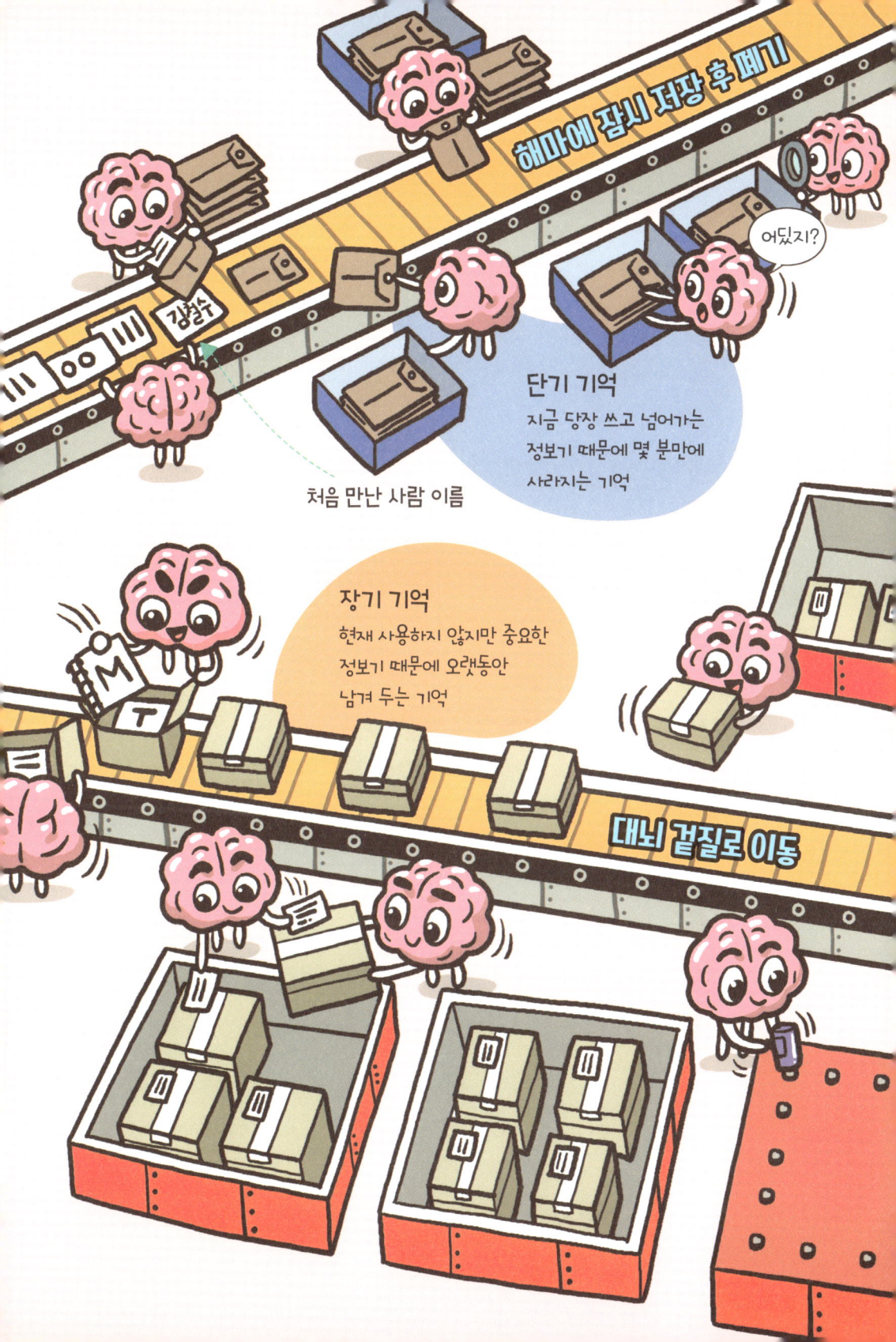

"쉿! 조용. **여기는 뇌의 기억 저장 창고 해마야.** 해마는 주로 사람의 기억이나 학습을 통제하는데, 지금 뇌에 들어온 정보와 자극을 중요도에 따라 분류 중이지."

"오! 그럼 해마가 기억력을 담당하는 거예요?"

"그래, 중요한 일은 오래 기억하고 사소한 일은 금방 잊어버리는 게 다 해마 때문이지."

니드리 오빠의 말이 끝나기가 무섭게 또머거가 끼어들었어.

"아! 그래서 전화번호를 안 까먹는 거구나."

니드리 오빠가 기특한지 또머거에게 엄지를 치켜들며 말했어.

"자기 집 전화번호처럼 중요한 정보는 장기 기억으로…"

"아뇨! 우리 집 말고 중국집 전화번호 말이에요."

"야~~~~~!"

니드리 오빠가 또 폭발했어. 하긴 이번엔 꽤 오래 참았지, 뭐. 용처럼 화를 내뿜던 니드리 오빠가 좀 잠잠해지자, 어떠케가 단기 기억 상자를 헤집는 뇌세포들을 가리키며 물었어.

"그런데 쟤네들 말이에요, 아까부터 저기서 뭐 하는 거예요?"

"아, 그건… 지금 짱짱이가 영어 시험 보는 것 때문인데…"

맞다, 시험! 그러고 보니 어젯밤에 짱짱이가 공부한다고 엄청 난리를 쳤지. 물론 금세 꿈나라에 가고 말았지만….

"뇌세포들은 짱짱이가 한 문제라도 더 맞히길 바라는 마음에서 기억 상자를 뒤지는 거야."

"아! 단어를 찾는 거였구나. 몇 개라도 건지면 좋겠다."

어떠케가 시험지를 멍하니 쳐다보는 짱짱이가 안타까운지 이렇게 말했어.

"으음, 하지만 소용없을 거야. 짱짱이가 단어장을 대충 읽고 넘긴 탓에 단어들은 뇌에 오래 남지 못했거든. 그래서 지금 짱짱이 머릿속이 하얀 거고."

어떠케 얼굴에 걱정이 확 번지자, 니드리 오빠가 위로하듯 말했어.

"너무 걱정 마! 그래도 몇 단어는 살아남았으니까."

"난 앞으로 공부할 땐 꼭 쓰면서 외울 테야."

"나도! 모르는 단어는 뜻도 찾아보고 그래야지."

"그런데 진짜 신기하지 않아? 어떤 방법으로 외우느냐에 따라서 같은 시기에 공부한 내용이 기억나기도 하고 안 날 수도 있다니…. 대체 왜 이런 일이 일어날까?"

우리가 한창 수다를 떠는데, 니드리 오빠가 "이봐! 애송이들." 이러면서 싱긋 웃었어.

"단기 기억을 장기 기억으로 바꾸는 비법을 알려 줄까?"

우아! 완전 솔깃하잖아. 오랫동안 뇌 속에 정보와 지식을 저장해 두었다가 필요할 때 꺼내 쓸 수 있는데, 누가 싫어하겠어? 비법만 알면 날마다 시험이어도 걱정 없겠다. 모두 욕심나는지 니드리 오빠에게 초집중했어.

"푸하하하! 엄청 궁금한가 보네. 진짜 간단한 방법인데. 어쩜 벌써 알지도 모르고."

뭐야? 툭 까놓고 말해 주면 될 것을 꼭 저렇게 뜸을 들인다니까. 내 얼굴에 못마땅한 표정이 드러났나 봐. 니드리 오빠가 "요놈!" 이러면서 내 뺨을 확 꼬집었어. 그러고는 이렇게 말했지.

"왕세포 쌤께서도 날마다 이 비법을 알려 주셨을 텐데."

말도 안 돼! 왕세포 쌤은 비법의 비 자도 꺼내신 적이 없는데. 날마다 하신 말씀이라고는….

이것뿐이었다고. 그때 갑자기 '에이, 설마 복습이겠어?'라는 생각이 들었어. 그래서 니드리 오빠를 쳐다봤는데, 맙소사! '바로 그거야.'라는 눈빛으로 내려다보잖아.

"너희가 날마다 성실히 복습했다면, 많은 단기 기억이 장기 기억으로 바뀌었을 거야. **단기 기억이 되풀이되면 해마는 중요도가 높은 정보로 받아들이거든**. 그럼 장기 기억으로 분류되는 거지. 쉽게 말해 자주 반복하면, 잘 안 잊어버린다는 말이야."

왠지 믿기지 않았어. 그렇게 쉬운 게 비법일 리 없잖아. 니드리 오빠가 내 맘을 알아챘는지 이렇게 덧붙였어.

"못 믿겠으면 짱짱이가 구구단 배울 때를 떠올려 봐. 처음엔 잘 못 외웠지만 자꾸 되풀이하다 보니까 어느새 구구단 박사가 됐잖아! 해마가 반복되는 지식과 정보를 장기 기억으로 분류했기 때문이야."

온몸을 지휘하는 뇌

해마 창고를 나오면서 "역시 뇌 하면 기억력이지." "암! 기억을 잘해야 시험도 잘 보잖아." "이래서 특별한 경험이라고 했구나." 이러면서 감탄을 쏟아 냈지. 그러자 니드리 오빠가 한심한 듯 바라보며 "아직 멀었네, 멀었어." 이러잖아.

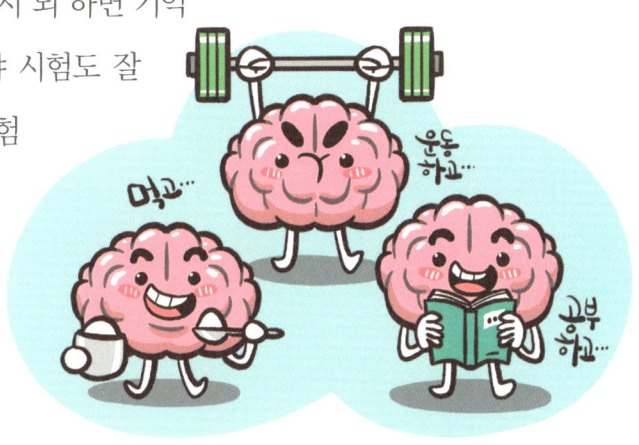

"이 정도 갖고 놀라기는. 뇌는 공부하고 기억하는 일부터 먹고 마시고 배설하고 숨 쉬고 운동하는 일까지 우리 몸이 하는 거의 모든 일을 결정하거든."

어머! 누가 그걸 모르나? **뇌의 명령에 따라 우리 몸이 움직인다는 건 꼬맹이 시절부터 알았는걸.** 그래서 뇌를 우리 몸의 사령관, 지휘자라고 부르는 거잖아. 흥! 나도 알 만큼 안다고. 내가 울컥해서 입술을 삐죽거리자, 니드리 오빠가 날카롭게 물었어.

"어쭈, 다 아는 얘기를 왜 하냐는 눈빛인데. 그럼 어제 짱짱이가 자전거 타다가 갑자기 튀어나온 고양이를 어떻게 피했는지 설명해 봐. 그것도 뇌의 명령에 따라 몸이 움직인 거니까."

어! 순간 머릿속이 하얘졌어. 그래, 꼭 짱짱이처럼. 내가 입을 꾹 다문 채 멍하니 서 있자, 어떠케가 놀라서 괜찮냐고 계속 물었어. 또머거는 어땠냐고? 호두과자를 한 움큼씩 입안에 넣으며 "역시 호두과자는 따뜻할 때가 젤 맛나." 이러더라. 휴~ 그래야 또머거답지. 내가 어떻게 호두과자님을 이기겠어?

곧이어 우쭐대는 니드리 오빠의 목소리가 내 귀에 날아들었어. 잘난 척은 아무나 하는 게 아니라는. 흥! 뭐야?

"눈이나 귀 같은 감각 기관은 바깥 상황의 변화나 자극을 잘 알아내거든. 그래서 신경을 통해 뇌에 정보를 전달하면, 뇌가 어떻게 반응할지 결정하는 거지. 뇌의 결정은 다시 신경을 통해 온몸에 전달되고. 이게 바로 뇌를 비롯한 신경계가 하는 일이야."

나도 모르게 니드리 오빠의 말에 고개를 끄덕였어. 잘난 척하는

짱짱이는 이렇게 고양이를 피한 거였어.

1. 눈으로 고양이를 본다. 자극을 받아들인다

2. 상황 정보가 말초 신경계를 통해 중추 신경계로 전달된다

눈으로 본 시각 정보가 신경을 타고 뇌로 전달돼요

우리 몸의 신경계 좀 살펴볼까?

게 얄밉지만 정말 아는 게 많다니까. 니드리 오빠 말이, 신경계는 크게 뇌와 척수로 이루어진 중추 신경계와 우리 몸 곳곳에 퍼져 있는 말초 신경계로 나뉜대.

온몸에 퍼진 신경이 우리 몸의 정보를 모아 뇌에 전달하는 거지. 결국 신경이 우리 몸의 각 부분과 뇌를 이어 주는 셈이야.

뇌를 포함한 중추 신경계
감각 기관에서 받아들인 자극을 해석해 행동을 결정하고 운동 기관에 명령을 내려요

말초 신경계
감각 기관이 받아들인 자극을 뇌를 포함한 중추 신경계에 전달하고 뇌의 명령을 운동 기관에 전달해요

3. 뇌는 정보를 해석하여 어떻게 행동할지 결정한다

뇌에서 명령을 내려요

4. 뇌의 명령이 말초 신경계를 통해 운동 기관에 전달된다

5. 우리 몸이 자극에 반응한다

콱!!

끼아악

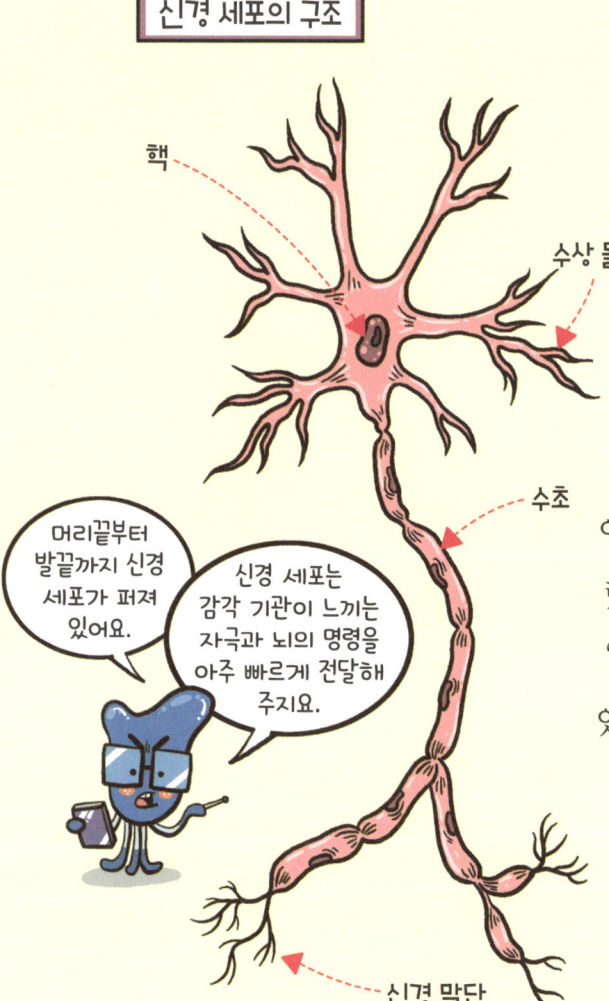

그런데 모든 정보가 뇌로 몰려들면 뇌가 너무 힘들지 않을까?

"**뇌가 불쌍해!** 온몸의 문제를 혼자 다 처리하려면 잠시도 쉴 틈이 없을 텐데…."

헉! 혼자만 생각한다는 게 어느새 입 밖으로 나와 버렸지 뭐야? 니드리 오빠가 "별 걱정이셔."라며 말을 이었어.

"뇌는 슈퍼 컴퓨터거든. 알아서 척척 문제를 해결해 내지. 또 신경이 얼마나 부지런한데! 뇌까지 시속 400km에 달하는 엄청 빠른 속도로 자극을 전달하거든. 발에서 뇌까지 정보를 전달하는 데 0.01초 정도 걸리는 셈이지. 문제를 알리고 해결하는 게 논스톱이니까 뭐든 초스피드로 해결할 수 있다고."

니드리 오빠가 하도 자신에 차서 이야기하니까 왠지 풀이 죽었어. 괜한 생각을 했나 싶었지. 그런데 니드리 오빠가 곁눈으로 슬쩍 나를 보더니 이렇게 덧붙이는 게 아니겠어?

"물론 아주 급할 때는 척수가 나서기도 해."

응? 그럼 척수가 뇌를 도와준다는 말이야? 궁금한 마음에 니드리 오빠를 뚫어져라 쳐다봤지.

"척수는 뇌에서 나와서 척추뼈까지 곧게 뻗은 신경 다발을 말해. 몸속 운동 신경과 감각 신경이 모두 척수를 지나가지. 뇌보다 빨리 우리 몸의 정보를 알 수 있어.

그래서 갑자기 뜨겁거나 뾰족한 물건이 몸에 닿으면, 뇌까지 자극이 전해지기 전에 척수에서 먼저 알고 멀리 떨어지라고 명령을 내리는 거야. 이게 반사 운동이지. **반사 운동은 위급할 때 우리 몸을 지켜 줘."**

아! 니드리 오빠 말을 듣다 보니, 잠시 잊었던 기억이 번쩍 떠올랐어. 뇌, 척수, 뇌세포, 눈, 귀,

감각 신경을 타고 자극이
척수까지 전달돼요

척수의 명령에 따라
자기도 모르게 손을 떼지요

발 할 것 없이 몸 곳곳의 세포와 기관은 모두 우리 몸이 건강하게 생활하도록 온 힘을 다한다는 사실 말이야.

비록 새싹 세포지만 나도 우리 몸을 이루는 한 부분이라는 생각에 왠지 뿌듯했어. 영차! 기운 내야지. 잘 배워서 똑똑한 신체 기관이 될 거란 꿈을 꼭 이루고 말 테야.

밝혀라! 인체의 비밀

무릎 반사

무릎 반사는 대표적인 척수 반사야. 무릎을 치면 다리가 저절로 올라오는 현상을 말하지. 척수는 척추뼈 안에 있잖아. 그래서 의사들은 등을 다치면 무릎 반사부터 확인해 본대.

그래서 짱짱이는…

당연히 시험 점수가 나빴지, 뭐. 미남이는 90점을 맞았대.
평소 죽어라 공부하는 타입은 아니지만 왠지 미남이에게 밉보이기는 싫었어.
그래서 앞으로는 이렇게 하기로 결심했대.

01

공부할 때는 꼭 손으로 써 보기로 했어. 정보를 눈으로 보고 그냥 넘기는 것보다 손으로 쓰거나 입으로 소리 내 읽으면 더 오래 기억할 수 있대. 머리뿐만 아니라 눈, 손, 입, 귀처럼 여러 신체 기관을 이용해 보기, 쓰기, 읽기, 듣기 같은 다양한 체험을 곁들이면 기억력이 강화된다지 뭐야.

02

이왕 하는 공부, 즐거운 마음으로 한댔어. 기억을 담당하는 해마는 감정을 조절하는 편도체라는 기관과 가까이 있어. 그래서 기쁘고 행복한 상황에서 공부하면, 뇌가 즐거운 자극을 받아 기억력이 좀 더 좋아진대.

03

뇌는 몸 구석구석과 정보를 주고받잖아. 당연히 에너지를 많이 쓸 수밖에 없어. 그래서 우리 몸에 영양분이 부족하면 기억력이 떨어지기 쉽대. 짱짱이가 밥을 꼭꼭 챙겨 먹기로 한 것도 그 때문이야. 또 채소와 과일, 건강에 좋은 지방(오메가-3 등)과 통밀이나 현미로 만든 음식을 자주 먹기로 했어.

04

잠을 푹 잘 자는 것도 기억력을 높이는 데 도움을 준대. 그래서 되도록 밤 9시 이전에 잠을 자기로 했지.

대뇌 4총사를 소개합니다

전두엽

- **위치** 대뇌 앞쪽
- **별명** 이마엽
- **역할** 언어 기능과 사고력, 판단력 따위를 담당한다. 계획이나 결심 등과 관계 깊으며 인간성과 도덕성을 맡아본다. 정보와 자극을 전달받아 행동을 결정한다. 감정이나 충동을 조절하고 주의력과 집중력 등에 영향을 준다. 그래서 주의력 결핍 및 과잉 행동 장애(ADHD)를 앓는 아이들을 살펴보면 대부분 전두엽 기능이 약하다.

측두엽

- **위치** 귀와 눈 사이의 맥박이 뛰는 관자놀이 부분
- **별명** 관자엽
- **역할** 청각 정보를 받아들이고 처리한다. 측두엽의 베르니케 영역을 다치면, 말을 할 수는 있으나 말의 뜻을 이해하지 못해 대화가 어렵다. 또 인지와 기억 기능을 담당해 측두엽을 다치면 기억 장애가 일어날 수 있다.

두정엽

위치 전두엽과 후두엽 사이

별명 마루엽

역할 촉각, 온도, 공간 감각 등을 처리한다. 손 운동과 혀, 입술 등을 움직여 목소리를 내보내는 일을 담당하며 수학이나 물리학에서 필요한 입체, 공간적 사고와 계산 기능을 맡아본다.

후두엽

위치 뒤통수 쪽

별명 뒤통수엽

역할 시각 정보를 맡아본다. 눈으로 본 물체의 모양이나 위치, 운동 상태를 분석한다. 그래서 후두엽을 다치면 눈에 이상이 없어도 앞을 못 보는 경우가 있다.

심장아 너 왜 그래?

"짱짱이, 얘 또 왜 이래?"

갑자기 짱짱이 심장이 망치질하듯 쿵쾅대자, 어떠케가 걱정스레 물었어. 뭐? 심장은 원래 두근대는 거라고? 우리도 그 정도는 알거든. 그리고 잘 못 들었나 본데, 심장이 평범하게 뛴 게 아니라 요란하게 쿵쾅쿵쾅했다고. 심장 소리에 귀가 멍멍할 정도였지.

그렇다고 특별한 사건이 있었던 것도 아니야. 그저 평범한 하굣길이었거든. "내일 만나요, 여러분!"이라는 쌤의 다정한 인사가 끝나기 무섭게 짱짱이는 총알처럼 '맛나 떡볶이'로 돌진했지. 평소와 다름없이. 그런데 막상 컵볶이를 먹으려는 순간에 갑자기 짱짱이 심장이 미친 듯이 뛰는 게 아니겠어?

모두 니드리 오빠에게 "무슨 일이죠?"라는 레이저 눈빛을 쏘아댔지. 니드리 오빠는 살짝 놀랐는지, 뒷걸음치며 뭔가 말할락 말락 했어. 힌트라도 주려나? 기대에 차서 바라봤는데, 결국엔 "이, 일단 쿵쾅대는 소리를 내는 심장부터 가 보자." 이러더라고.

그런데 심장에 도착해서도 궁금증은 쉽게 풀리지 않았어. 가장 큰 문제는 마구 날뛰던 심장이 그새 차분해졌다는 거지. **어쩜 이래? 뻔뻔하게도 심장은 아주 점잖게 뛰었어.** 방금 전에 요동친 건 자기가 아닌 것처럼.

왠지 뒤통수 맞은 것 같아서 코 빠뜨리고 앉았는데, 난데없이 또 머거가 심장 앞으로 달려들잖아. 한 손에 포크를 치켜든 채. 쟤는 또 왜 저래? 또머거를 간신히 막아 세우고는 이유를 캐물었지. 아이고야! 심장이 꿈틀대는 게 꼭 탱글탱글 젤리 같았다나. 맞나 틀리나 살짝만 찔러 보려고 그랬대.

하긴 쉼 없이 혼자서 꿈틀대는 심장이 신기하기는 해! 그래도 그렇지, 진짜로 찔렀다면… 으아악! 생각만 해도 아찔해. 니드리 오빠 말이 심장은 우리 몸의 피 주머니랬는데, 온통 피바다가 됐을 거 아냐?

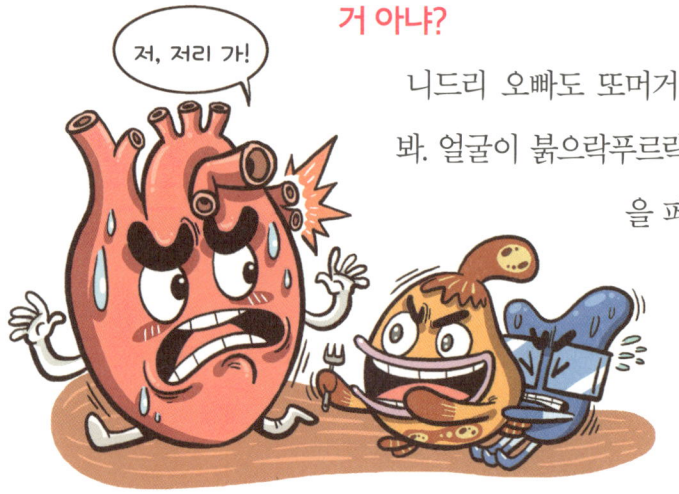

니드리 오빠도 또머거 때문에 기겁했나 봐. 얼굴이 붉으락푸르락해서 잔소리 폭탄을 퍼부었지.

"심장이 얼마나 중요한지 몰라? 하루 종일 온몸

에 피를 공급하느라 눈코 뜰 새 없는 애를 왜 괴롭혀?"

또머거가 움찔했어. 살짝 불쌍했지만 이번만큼은 혼나도 싸!

"심장은 하루 종일 오므렸다 폈다를 되풀이하면서 온몸에 피를 순환시켜 줘! 잠시도 쉬는 법이 없지. 심지어 우리가 잘 때도 멈추지 않고 콩닥콩닥대."

"너무하잖아. 매일 쉬지도 못하고 일만 하는 거야?"

어떠케가 심장을 안쓰럽게 바라보자, 니드리 오빠가 곧바로 이렇게 받아쳤지.

"그렇다고 심장이 쉬면 어떻게 될까? 잠깐이라도 심장이 피를 밀어내는 펌프 작용을 멈추면, 피는 우리 몸 곳곳을 여행할 수 없어. 그러면 피가 실어다 주는 산소와 영양소가 제때 전달되지 않아서 우리 몸은 건강하게 돌아가지 못할 거야. 사람 목숨이 위험해질 수도 있지."

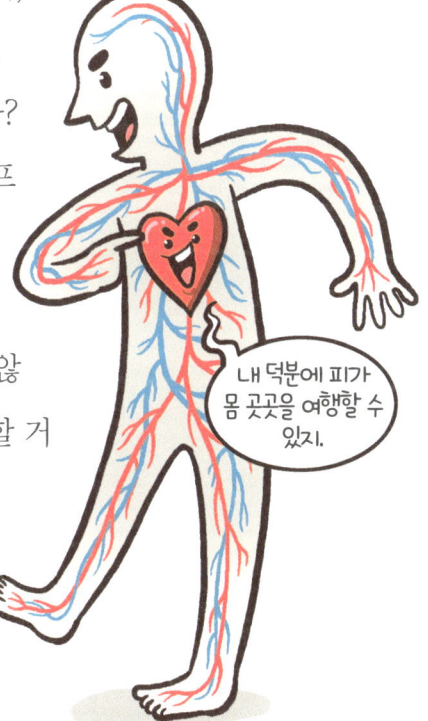

쉴 틈 없이 달리는 심장

니드리 오빠의 설명을 들을수록 힘차게 피를 내보내는 심장을 진짜 가까이서 보고 싶어졌어. 그래, 심장 안쪽까지 샅샅이 훑어보고 싶었어. 또 찬찬히 살펴보면 심장이 왜 갑자기 요동치는지 힌트도 얻을 수 있을 것도 같고. 그래서 위험해서 안 된다는 니드리 오빠를 엄청나게 졸랐어.

겨우겨우 심장 안에 들어왔지. 그런데 뭐가 이렇게 복잡해? 고속도로처럼 피가 심장으로 드나드는 길이 한눈에 훤히 보일 줄 알았는데, 이건 완전 미로잖아. 어떠케도 나만큼 헷갈리나 봐.

"**윽, 눈이 핑핑 돌아.** 내가 피라면 길 잃어버리기 딱 좋겠다."

우리가 복잡하게 얽힌 혈관(핏줄)을 쳐다보며 우왕좌왕하자, 니드리 오빠가 이렇게 말했어.

"잘 들어! **심장은 크게 4개의 방으로 나눠져 있어.** 심장으로 피가 들어오는 윗부분을 심방, 심장에서 피가 나가는 아랫부분을 심실이라고 하지. 왼쪽과 오른쪽을 뜻하는 한자어 좌우를 써서 각각의 방 이름을 우심방, 우심실, 좌심방, 좌심실이라고 해."

"심장을 왜 굳이 넷으로 쪼갰을까? 피도 한 번에 쑥 들어왔다가 한 번에 쏙 나가는 게 편하지 않나?"

"맞아! 이 방 저 방 돌아다니려면 귀찮을 텐데."

"저거 안 보여? 방마다 역할이 다르다고."
니드리 오빠가 답답한 듯 표지판을 가리키며 말했어.
그러고는 누가 껴들기 전에 재빨리 설명을 덧붙였지.

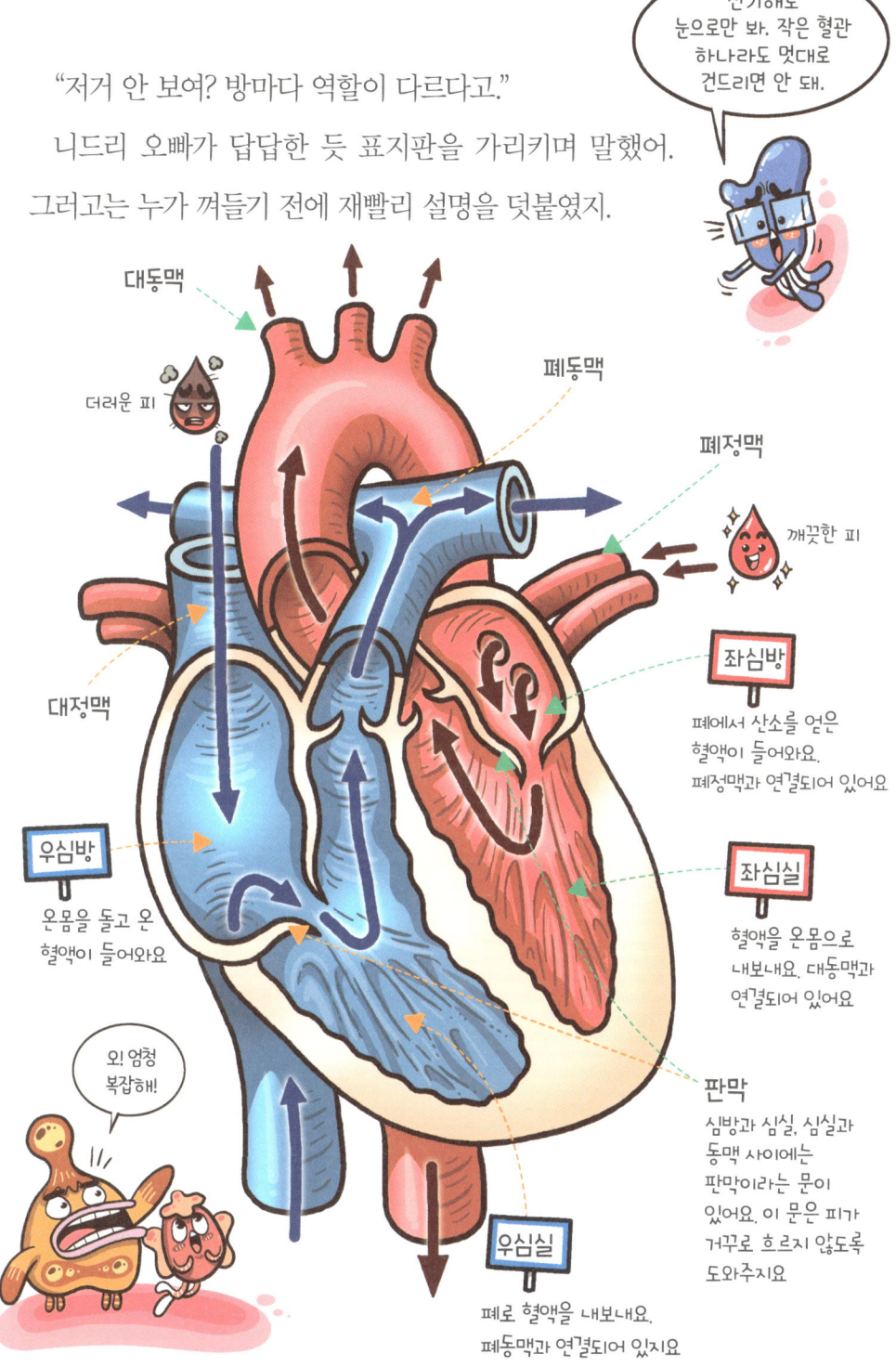

정맥은 피를 심장으로 보내는 핏줄이고,

동맥은 심장에서 피를 온몸으로 내보내는 핏줄이야.

"우선 머리끝부터 발끝까지 온몸을 돈 피가 대정맥을 타고 우심방으로 들어왔다가 우심실로 내려오면, 심장이 오므라들면서 피를 폐로 밀어내. 이 피는 모세 혈관을 타고 우리 몸 구석구석을 여행한 탓에 이산화 탄소와 노폐물을 잔뜩 쓸어 왔어. 그래서 이산화 탄소를 버리고 산소를 얻기 위해 폐로 간 거야.

폐에서 깨끗하게 걸러진 피는 산소를 듬뿍 품고 다시 심장으로 이동하지. 이때 좌심방으로 들어온 피는 좌심실로 내려가는데, 좌심실이 수축하면 피가 대동맥을 타고 심장을 빠져나가 온몸 곳곳을 돌기 시작해. **심장을 나간 피는 우리 몸에 산소와 영양분을 골고루 나눠 줘.** 그리고 몸속 여행을 무사히 마치면 다시 우심방으로 돌아오지."

니드리 오빠 말이, 심장과 피는 평생 이 과정을 되풀이하는데 흔히 이 일을 '순환'이라고 하고 심장과 혈관을 '순환 기관'이라고 한대.

모세 혈관은 우리 몸 곳곳에 퍼진 실핏줄을 말해.

폐순환
우심실 → 폐동맥 → 폐의 모세 혈관 → 폐정맥 → 좌심방

체순환
좌심실 → 대동맥 → 온몸의 모세 혈관 → 대정맥 → 우심방

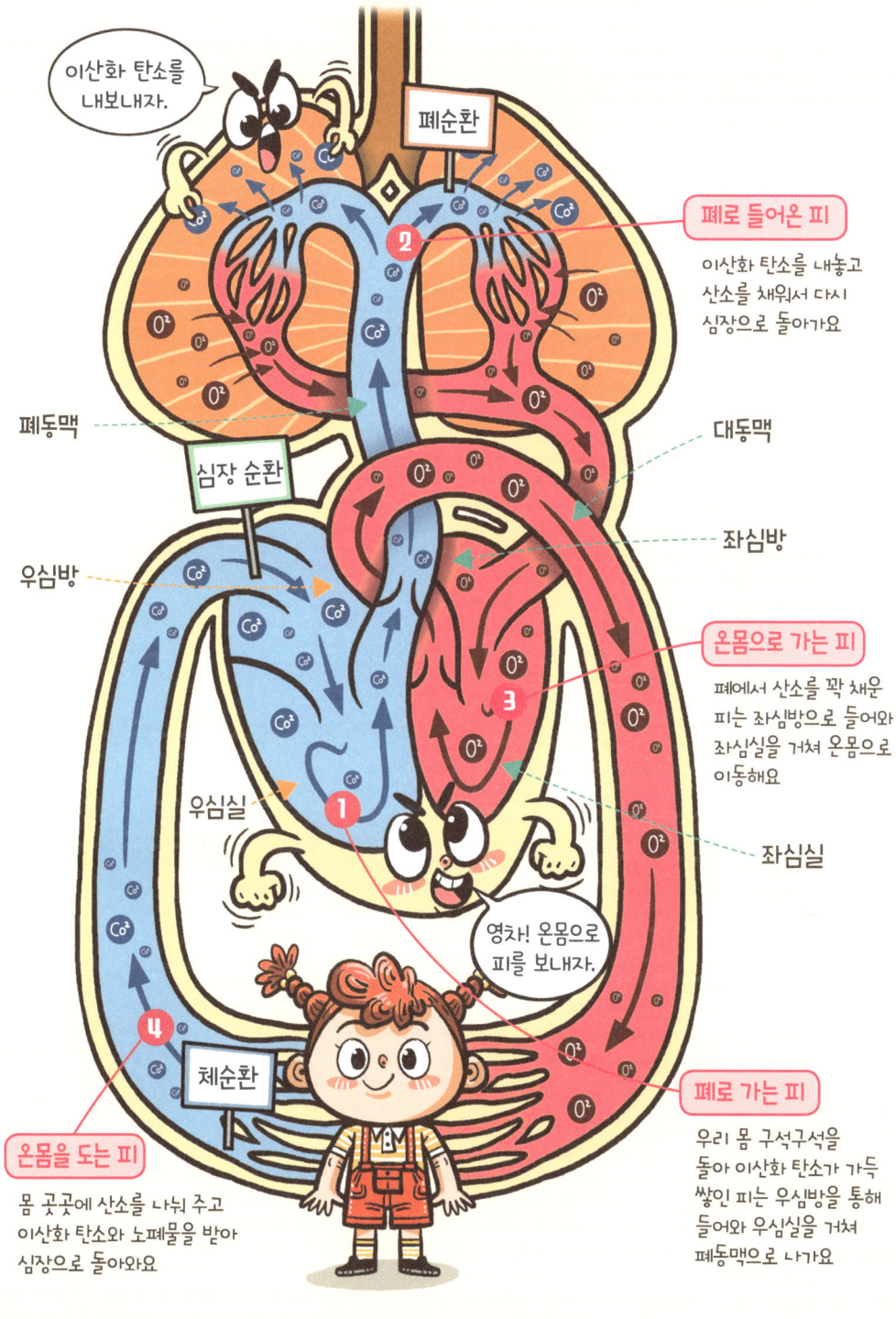

또 심장 박동이 빨라졌어

1분 평균 90~140회
1분 평균 60~80회

심장 박동은 흔히 심박이라고 해. 심장이 오므라졌다 펴졌다 하며 쉼 없이 뛰는 운동을 말해.

사람마다 심박 수가 달라요.

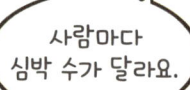

니드리 오빠의 설명이 막 끝났을 때였어. 또다시 심장 박동이 빨라졌지. 심장이 오므렸다 폈다를 되풀이하며 재빨리 피를 순환시켰어. 바쁘게 움직이는 심장과 니드리 오빠를 번갈아 쳐다봤어. 이번엔 왠지 니드리 오빠가 심장이 왜 빨리 뛰는지 알려 줄 것 같았거든.

"심장은 하루 종일 쉬지 않고 뛰지만 늘 똑같은 속도로 움직이는 건 아니야. 운동하거나 긴장하면 빨리 뛰고, 편히 쉴 때는 느리게 뛰거든."

뭐야? 지금 짱짱이는 친구들과 쉬고 있는데. 운동도 안 하고, 긴장할 만한 일도 없잖아. 심장 박동이 빨라질 이유가 전혀 없었지.

"혹시 짱짱이 심장에 무슨 문제라도 있어요?"

내가 고민 끝에 물어보자, 니드리 오빠는 "아니, 지극히 정상인

걸."이라며 이렇게 말했지.

"모두 알다시피 심장은 스스로 펄떡펄떡 뛰어. **하지만 뛰는 속도는 우리 몸속 자율 신경계라는 조직의 영향을 받거든.** 자율 신경계는 긴급 상황에서 심장을 빠르게 뛰게 하고, 긴급 상황이 끝나면 흥분시켜 놓은 심장을 다독여서 천천히 뛰게 해 주지."

에이, 말도 안 돼! 그럼 지금이 긴급 상황이란 말이야? 저렇게 조용히 앉아 있는데? 내가 다시 껴들려고 하자, 니드리 오빠가 일단 자기 말부터 들어 보래.

"흔히 사람은 긴장하거나 깜짝 놀랐을 때 또는 무서운 상황에 놓였을 때 심장 박동이 갑자기 빨라지지. 예를 들어 누가 놀라게 했다거나 여러 사람 앞에서 발표를 해야 한다면, 심장은 평소보다 빠르게 뛰어. 자율 신경계는 우리가 흥분하거나 긴장했을 때를 위험하다고 판단하거든.

그래서 우리 몸의 운동 능력을 높이는 것이지. 위험하면 빨리 피해야 하는 거잖아. 그럼 자연스럽게 심장 박동이 빨라지고, 심장은 온몸에 피를 더 많

이 그리고 더 빠르게 내보내. 피를 많이 공급받은 우리 몸은 당연히 산소와 영양분이 풍부해지겠지? 그래서 평소보다 더 큰 힘을 낼 수 있어. 피시방 앞에서 우연히 엄마를 만났을 때 번개처럼 재빨리 도망칠 수 있는 것도 그래서야.

또 위험할 때뿐 아니라 운동할 때도 심장 박동은 빨라져. 운동을 하면 근육을 많이 써야 하는데, 그러려면 더 많은 산소와 영양분이 필요하니까."

아하! 이제 왜 심장 박동이 빨라지는지 궁금증이 풀렸어. 단 한 가지만 빼고. 지금 짱짱이는 긴장하거나 두려워할 이유가 전혀 없잖아. **그런데도 왜 갑자기 심장이 빨리 뛴 거지?** 우리가 도통 감을 못 잡자, 니드리 오빠가 조용히 미남이를 가리켰어.

"**누군가를 좋아하면 자율 신경계가 자극을 받거든**. 그래서 깜짝 놀랐을 때와 마찬가지로 흥분을 하는 거야."

어머나! 뭐야? 짱짱이, 너 미남이를 좋아한 거야? 나짱짱의 짝사랑! 이거 완전 대박 사건이잖아.

미남이만 보면 자꾸 두근거리는 심장 탓에 심장병이 아닌가 걱정했대.
의사인 이모에게 "나 왜 이래?"라고 슬며시 물어봤더니,
이모는 "사춘기에 겪는 정상적인 현상이야."라며 빙그레 웃기만 했지.
심장이 약해졌을까 봐 걱정하는 자기 맘을 전혀 몰라주는 이모에게 왈칵 짜증을 냈더니,
심장 건강해지는 법을 알려 주긴 했는데 왠지 믿음이 안 가지 뭐야.
그래도 일단은 따라 해 보기로 했대.

01

라면, 햄버거보다는 신선한 채소와 과일, 우유, 생선 등을
자주 먹기로 결심했지. 기름기 많은 삼겹살은 피하고 소고기 살코기나
닭고기를 먹는대. 또 너무 짜거나 매운 음식은 멀리하고 담백하고
건강한 음식을 가까이하기 시작했어.

02

하루 30분씩 계단 오르기를
한대. 하루 이틀 사이에
한꺼번에 많은 운동을
하는 것보다 매일
30분씩 규칙적으로
운동하는 게 훨씬 건강에 좋대.
이모 말이, 지나친 운동은 오히려 심장에 무리를 준다지 뭐야.
계단 오르기 말고도 빠르게 걷기, 자전거 타기, 수영, 등산 같은 운동도 해 볼 만하대.

아, 시원해!

03

물을 많이 마신대. 특히 짱짱이처럼 자전거 타기, 놀이터에서 뛰놀기
같은 야외 활동을 좋아하는 어린이는 밖에 나가기 전에 적어도
2~3컵의 물을 마시는 것이 바람직하다지 뭐야.

특명! 미세 먼지를 막아라

"암튼 고집하고는. 남들 다 쓰는 마스크를 왜 안 쓰는 거야?"

"그러게, 답답한 게 문제야? 숨 쉴 때마다 밀려오는 미세 먼지를 어쩔 거냐고?"

짱짱이 콧구멍 속에서 코털들이 아우성쳤어. 분명 뉴스에서 '미세 먼지 최악의 날'이라고 경고했는데도 마스크 없이 등교한 용감한(?) 짱짱이 때문에 다들 생고생 중이었지.

물론 평소라면 코털들이 공기에 섞여 들어오는 먼지나 나쁜 물질을 척척 막아 냈을 거야. 하지만 오늘은 말 그대로 최악의 날이잖아. 코털들의 힘만으로는 몰려드는 미세 먼지를 막아 내기 어려울 거라고 판단했대. 그래서 코털 대장이 재빨리 SOS를 친 거였지.

새싹 세포 모두 최선을 다해 코털 부대를 도왔어. 심지어 어떠케는 미세 먼지를 놓치지 않으려고 발목을 꽉 붙잡고 늘어졌는데 흠… 어떻게 됐냐고? 뭐, 당연히 질질 끌려갔지. 또머거가 아니었다면 벌써 백만 년 전에 먼지들의 포로가 됐을 거야.

암튼 다들 내가 먼지인지 먼지가 나인지 모를 정도로 열심히 구르고 싸운 덕분에 콧속 전투는 우리의 대승리로 끝났어. 코털 대장은 먼지 포로들을 쏘아보며 불호령을 내렸지.

"이놈들, 여기가 어디라고 들어와? 다들 매운맛 볼 각오해!"

먼지 포로들이 꽁꽁 묶여 끌려가는 모습을 보면서 어떠케가 슬며시 고백했어.

"이, 있잖아, 나… 사실은 다 막지 못했어. 놓친 녀석도 좀 있거든."

나도 그랬어. 또머거도 마찬가지였지. 온 힘을 다해 막았지만 우리를 밀치고 앞으로 달려 나간 초강력 미세 먼지들이 있었거든. **몸 속 깊이 들어가 병이라도 일으키면 어떡하지?** 그때였어. 걱정이 들어맞았는지 짱짱이 목구멍 쪽에서 큰 기침 소리가 들려왔어.

순간 움찔했지. 니드리 오빠가 뭔가 눈치챘는지 우리 쪽으로 걸어왔거든. 왠지 "너희가 제대로 못 막아서 그래." 이러면서 우리를 볶아칠 거 같았어. 그래서 내가 선수를 쳤지.

"어? 웬 기침 소리지? 짱짱이 감기 걸렸나?"

"글쎄, 아직 감기 바이러스가 침입했다는 소식은 못 들었는데. 내 생각엔 미세 먼지 중 일부가 기도로 넘어간 듯해."

으아, 어찌나 찔리는지 금세 얼굴이 홍당무처럼 달아올랐어. 얼른 고개를 돌렸는데, 또머거가 눈치도 없이 자꾸 "열나? 얼굴이 빨간데." 이러잖아. 암튼 못 말려! 그래도 다행히 니드리 오빠는 아무 말도 못 들었나 봐. 기도를 설명하느라 엄청 바빴거든.

> 기침은 기관지에서, 재채기는 코안에서 나쁜 물질을 내보내기 위해 갑자기 숨을 내뿜는 거야.

> 기도에 들어간 먼지가 점액과 뭉쳐진 것을 흔히 가래라고 해.

"기도는 쉽게 말해 공기가 오가는 통로야. 기도에서는 먼지 같은 나쁜 물질이 들어오면, 우리 몸을 보호하기 위해 방어 활동을 펴지. **미끈미끈한 점액과 털이 먼지를 붙잡아 우리 몸 깊숙이 들어오지 못하게 막거든**. 그래서 지금 짱짱이가 기도에 걸린 먼지를 몸 밖으로 내보내기 위해 기침을 한 거야."

폐로 출동한다!

우리는 니드리 오빠의 추리에 따라 미세 먼지를 추적하러 나섰어. 기도를 거쳐 폐까지 훑어보기로 했지. 그런데 이런 깎아지른 절벽을 뛰어내릴 줄 누가 알았겠어?

"으아아, 싫어! 싫다고요. 너무 무서워요."

어떠케가 엉엉 울면서 소리쳤어. 막무가내로 뛰어내리라는 니드리 오빠의 명령에 발버둥 치며 거세게 저항했지. 나도 겉으론 멀쩡한 척했지만 속으론 덜덜 떨었어. 손바닥에 땀이 줄줄 흘렀지. 무슨 특공대도 아니고 낙하산 하나 달랑 메고 끝도 안 보이는 폐까지 뛰어내리라니, 그게 말이나 돼?

하지만 아무리 사정해도 니드리 오빠는 꿈쩍 안 했어. 기도를 비롯한 호흡 기관을 직접 보겠다고 한 건 우리였다며 어떠케를 발로 뻥 차 버렸지. 이게 폐까지 가는 가장 빠른 길이라나 뭐라나. 그러고는 "너희도 어떠케처럼 내려갈 거야?" 이러면서 웃는데, 완전 악당 같았어.

쉽사리 용기가 나지 않아 뒷걸음치는데, 또머거가 휙 하고 뛰어들잖아. '뭐, 뭐야? 대체 왜 저래?' 궁금한 마음에 살짝 아래를 쳐다봤는데, 마른하늘에 날벼락도 아니고…. 니드리 오빠가 갑자기 등을 떠밀지 뭐야?

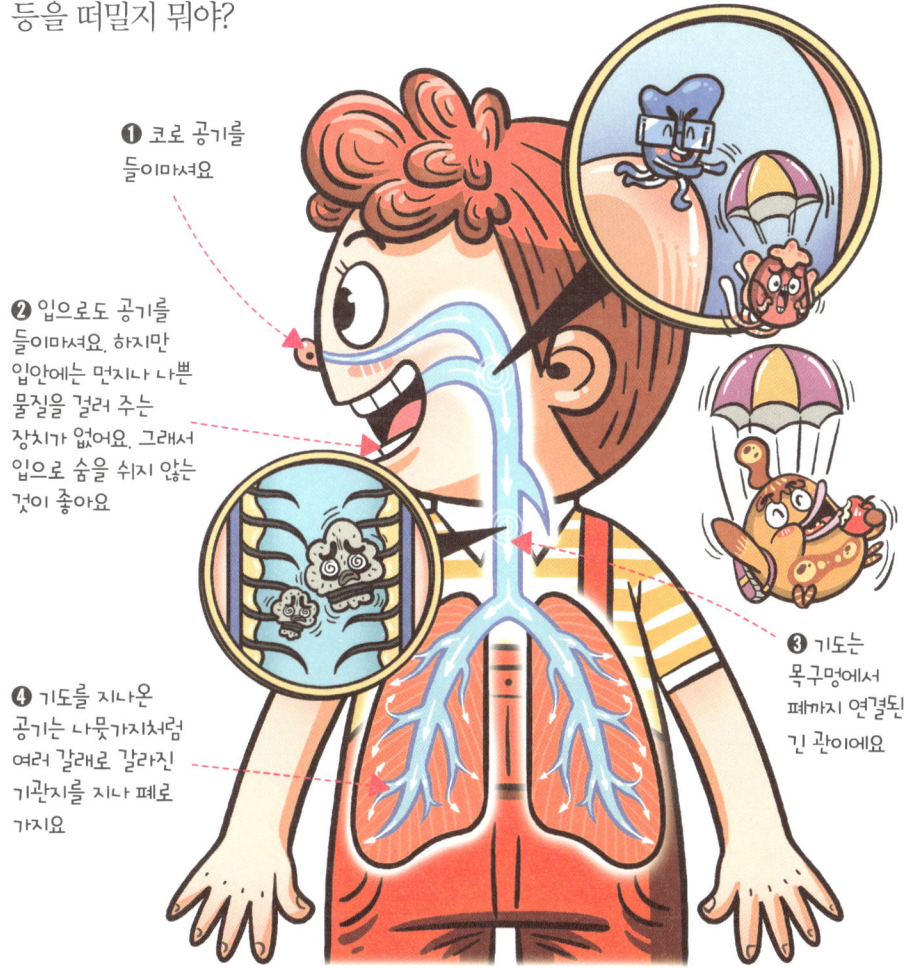

❶ 코로 공기를 들이마셔요

❷ 입으로도 공기를 들이마셔요. 하지만 입안에는 먼지나 나쁜 물질을 걸러 주는 장치가 없어요. 그래서 입으로 숨을 쉬지 않는 것이 좋아요

❸ 기도는 목구멍에서 폐까지 연결된 긴 관이에요

❹ 기도를 지나온 공기는 나뭇가지처럼 여러 갈래로 갈라진 기관지를 지나 폐로 가지요

힝~ 알고 보니, 또머거도 발을 헛디더서 떨어진 거래.

처음엔 놀라서 비명만 꽥꽥 질렀는데, 우연히 옆을 보니 낙하산을 탄 또머거가 아주 우아하게 사과를 씹어 먹고 있잖아. 간신히 정신줄을 붙잡고 나도 서둘러 낙하산을 폈지. 조금만 늦었어도 천국행 특급 열차를 탔을걸.

맞다! 폐로 내려가다가 뜻밖에 아는 얼굴을 만났는데, 혹시 누군지 눈치챘어? **놀라지 마! 바로 미세 먼지였어.** 우리를 밀치고 가더니, 기도 벽에 대롱대롱 매달려 있지 뭐야? 오! 잘됐다. 순간 이렇게 소리쳤어.

"짱짱아, 얼른 기침해!"

이 녀석들, 몽땅 내쫓아 버리게.

마침내 폐에 도착했는데, 어디선가 다급한 목소리가 들려왔어.

"으아아, 새싹 세포 살려."

뭐야? 어떠케잖아? 무슨 일이지? 설마 낙하산을 못 폈나? 다친 건 아닌지 걱정이 돼서 폐 곳곳을 찾아봤어. 하지만 땅으로 꺼졌나 하늘로 솟았나 도무지 찾을 수 없었지. 그러다 우연히 고개를 돌렸는데…. 헉! 저게 뭐야? 어떠케가 기관지 끝에 간

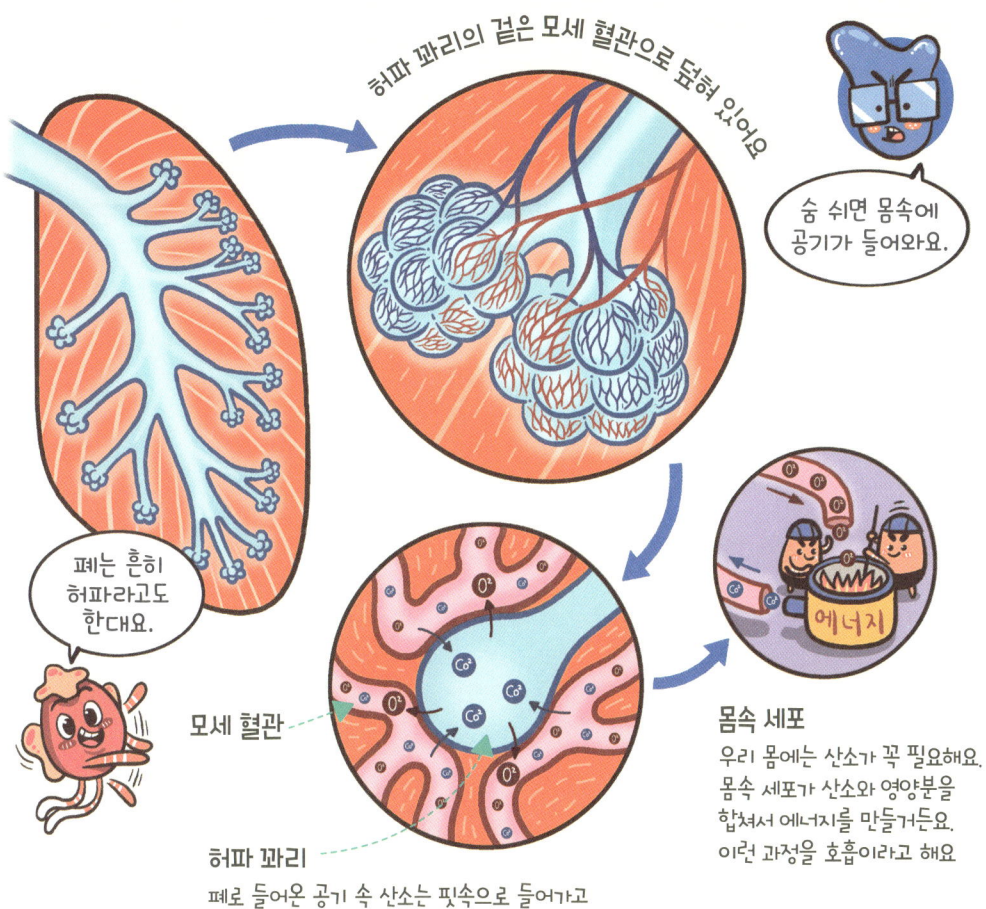

당간당 매달려 있잖아.

에구구, 가까스로 어떠케를 구해 내고는 누가 먼저라 할 것 없이 바닥에 쭉 뻗었어. 콧구멍 전투에, 구조 활동까지 정말 힘든 하루였잖아. 피곤해서 눈이 스르르 감겼지. 꿈나라로 갈락 말락 하는데, 또머거의 우렁찬 목소리가 들려왔어.

"어! 저거 포도 아냐?"

노, 놀라웠어! 대체 어디서 저런 에너지가 솟아나는 걸까? 분명 우리 몰래 보약을 먹는 게 틀림없어! 니드리 오빠는 철없이 포도 타령이나 하는 또머거를 한심한 듯 바라보며 이렇게 말했어.

"저건 허파 꽈리야. 기관지 끝에 붙은 포도송이 모양의 공기 주머니로, 그 수는 3~5억 개 정도지. 폐 양쪽에 달린 허파 꽈리를 모두 펼치면, 우리 몸의 50배쯤 되는 넓이일걸."

"아! 공기 주머니라면 호흡하는 일과 관계있겠네요."

내가 궁금해서 묻자, 니드리 오빠가 고개를 끄덕였어.

"그래, 허파 꽈리는 사람이 호흡할 때 산소와 이산화 탄소를 교환하는 곳이야. 허파 꽈리는 공기 속의 산소를 빨아들여 우리 몸 곳곳으로 보내지. 산소는 영양분을 분해하는 일에 쓰이는데, 이때 이산화 탄소가 노폐물로 나와."

"어? 그거 폐순환 아니예요? 지난번 심장에 가서 배웠잖아요."

니드리 오빠가 "오! 맞아." 러면서 갑자기 내 머리를 쓰다듬었어. 왠지 설레잖아. 심장이 두근대는 거 같기도 하고. 순간 폐 근

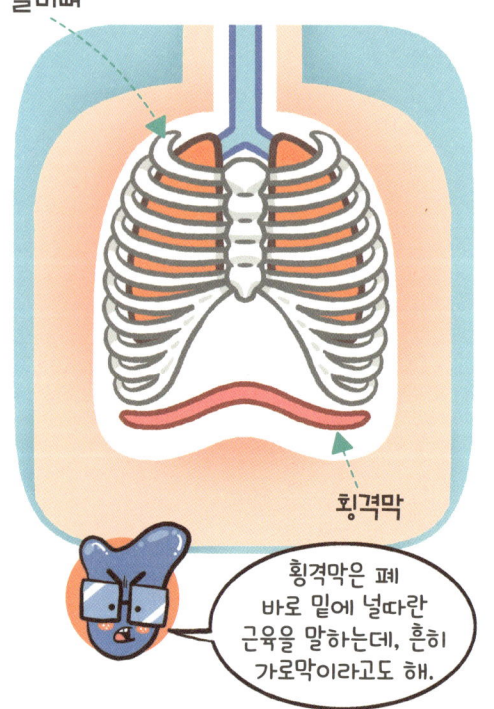

갈비뼈

횡격막

횡격막은 폐 바로 밑에 널따란 근육을 말하는데, 흔히 가로막이라고도 해.

육도 심장 근육처럼 스스로 움직이는지 궁금해졌어. 그래서 냉큼 물었더니, 니드리 오빠가 고개를 절레절레 저으며 대답했어.

"**폐는 심장과 달리 근육이 없어서 스스로 움직일 수 없어.** 그래서 갈비뼈와 횡격막이 폐를 도와주지. 폐는 갈비뼈와 횡격막으로 둘러싸였는데, 이 둘이 움직여서 폐에 공기가 드나드는 거야. 정확히는 갈비뼈에 붙은 근육과 횡격막이 맞겠지만…"

숨을 들이마실 때

그러고는 숨을 꿀꺽 삼키면서 이렇게 덧붙였지.

"숨을 들이쉬면 횡격막이 아래로 내려가. 이때 횡격막과 갈비뼈 근육이 팽팽해지거든. 그러면 가슴 공간이 넓어지면서 공기가 자연스럽게 폐로 빨려 들어가. 당연히 폐가 부풀어 오르겠지?

반대로 숨을 내쉬면 횡격막이 위로 올라가면서 가슴 공간이 좁아지고 공기가 몸 밖으로 나오거든. 공기가 빠져나오면 폐는 풍선에 바람이 빠지듯 줄어들지."

숨을 내쉴 때

역시 설명 하면 니드리 오빠야! 호흡 기관을 이렇게 쉽게 설명할 세포가 또 어디 있겠어? 가끔 잘난 척이 지나치다는 것만 빼면 거의 완벽한데 말이야. **쩝, 그게 진짜로 아쉽다니까.**

그래서 짱짱이는…

하루 종일 콜록콜록 기침을 해 댔지. 기침 때문에 목도 아프고 머리도 띵하고. 공부 시간에도 제대로 집중 못 하고 고생했대. 그래서 앞으로는….

01

미세 먼지가 심한 날은 되도록 밖에 안 나가기로 했대. 자전거 타기 같은 바깥 운동을 쉬겠다는 말이야. 그리고 어쩔 수 없이 밖에 나갈 때는 꼭 마스크를 쓰기로 했어. 또 집에 들어오면 바로바로 손발을 깨끗이 닦고 코도 시원하게 휭 풀 거래.

02

미세 먼지가 많은 날은 창문을 꼭꼭 닫을 거래어. 집 밖 미세 먼지가 집 안으로 들어오면 큰일이잖아. 또 산세베리아, 고무나무 같은 공기 정화 식물을 많이 키워서 집 안 공기를 되도록 깨끗하게 만들겠대.

03

틈틈이 물을 마셔야겠대. 물을 많이 마시면 우리 몸의 면역력이 높아지거든. 나쁜 병균과 싸우는 힘이 세진다는 말이지. 더불어 비타민과 무기질이 풍부한 과일과 채소도 자주 먹을 거래.

치킨은 언제나 정답이지

"딩동 딩동."

초인종이 울리자마자, 방금 전까지 침대에서 골골대던 짱짱이가 총알처럼 튕겨 나갔어. 코감기 탓에 목구멍도 붓고 머리까지 지끈거린다며 하루 종일 침대에 딱 붙어 있던 녀석이 갑자기 일어나는 바람에 몸속 세상이 크게 흔들렸지.

"대체 뭐야?"

"누가 왔나 봐. 혹시 미남이 아냐? 병문안 올 수도 있잖아."

"에이, 설마…."

나랑 어떠케가 초인종의 주인공을 두고 이러쿵저러쿵하는데, 또머거가 "노노!" 이러면서 껴들었어.

"암튼 둔탱이들이라니까. 이 고~소한 냄새와 함께 오실 분은 오직 그분뿐이잖아!"

그분? 또머거가 하트 뿅뿅 눈이 되어서 흥분한 걸 보면, 먹방 쇼 사회자 뚱브라더스 정도는 와야 하는데. 대체 누군지 모르겠지 뭐야. 우리가 통 감을 못 잡자, 니드리 오빠가 픽 웃으며 이렇게 말했어.

"어디서 치킨 냄새 안 나니?"

그래! 그분은 바로 짱짱이네 단골 치킨 가게 사장님이셨어. 또머거가 충분히 반가워할 만했지, 뭐. 또 감기에 걸려 끙끙대면서도 치킨을 향해 달려드는 짱짱이를 보면서 또머거의 먹부심이 어디서 왔는지 저절로 이해됐어.

암튼 짱짱이가 치킨 상자를 열어 젖히자, 집 안 가득 고소한 냄새가 퍼져 나갔어. 곧이어 치느님이 황금빛 자태를 뽐내며 등장했지. 짱짱이는 잽싸게 노릇노릇하게 잘 튀겨진 치킨 한 조각을 와그작 베어 물었어.

엄청 맛있었겠다고? 물론 우리도 그럴 줄 알았어. 레전드급 치킨 먹방을 눈앞에서 볼 줄 알았지. 그런데 짱짱이가 찝찝한 표정으로 이러는 게 아니겠어?

"엄마, 치킨 맛이 이상해요. 평소 먹던 맛이 아닌데요."

"그래? 엄마 입맛엔 그대로인데…?"

으응? 무슨 일이지? 치킨 가게 주인이 바뀐 것도 아니고. 어떠케는 "혹시 짱짱이 혀에 문제가 생긴 건 아닐까?" 하며 호들갑을 떨었어. 또머거도 당장 혀로 가 보자며 니드리 오빠를 잡아끌었지.

이 맛이 아니야. ㅜㅜ

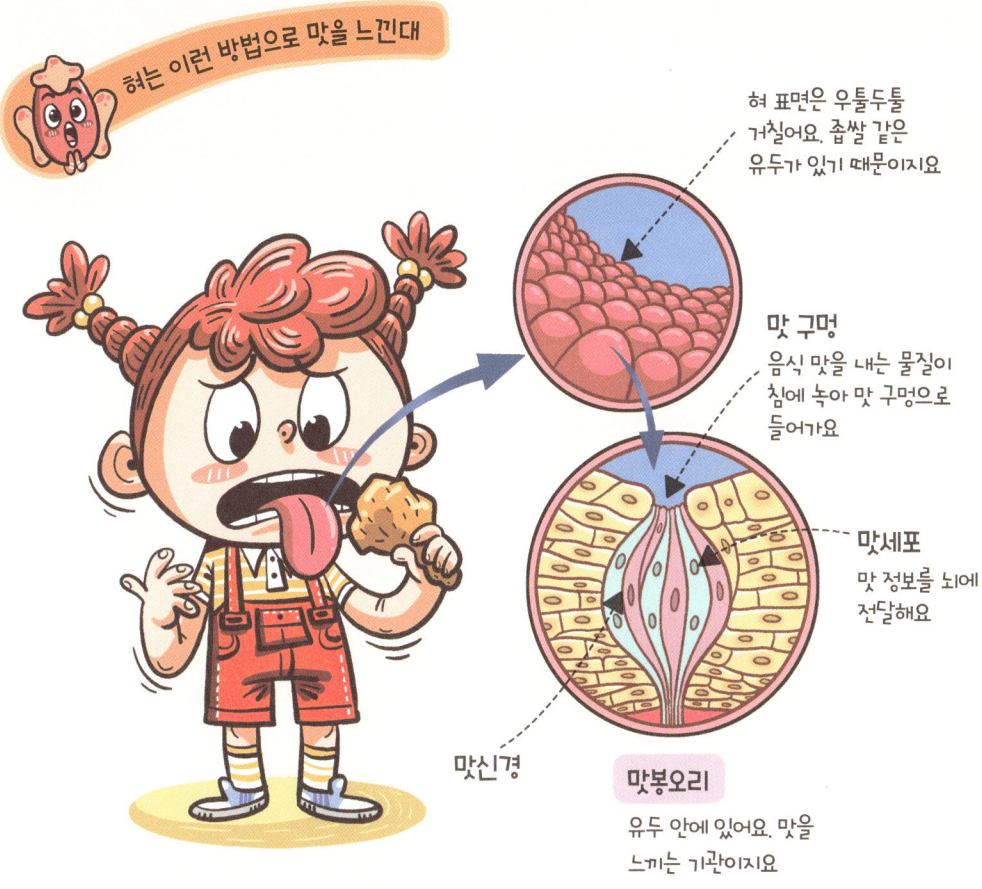

혀는 이런 방법으로 맛을 느낀대

혀 표면은 우툴두툴 거칠어요. 좁쌀 같은 유두가 있기 때문이지요

맛 구멍
음식 맛을 내는 물질이 침에 녹아 맛 구멍으로 들어가요

맛세포
맛 정보를 뇌에 전달해요

맛신경

맛봉오리
유두 안에 있어요. 맛을 느끼는 기관이지요

하긴 혀에서 단맛, 쓴맛 같은 음식의 맛을 느끼는 거잖아.

니드리 오빠는 질질 끄는 또머거를 힘겹게 떼어 내며 대꾸했어.

"물론 너희 말대로, 우리 몸에서 주로 음식 맛을 느끼는 곳은 혀 야! **하지만 후각, 미각, 청각, 시각, 촉각의 오감이 제 역할을 다하지 않으면, 정확한 맛을 느끼기 어렵거든.**"

그러면서 사람이 느끼는 맛의 70% 이상이 후각의 도움을 받아 알아채는 거라고 덧붙였어. 그래서 코를 막고 음식을 먹으면 제대로

맛을 못 느낀다나.

어? 코가 막히면 음식 맛을 잘 모른다고? 지금 짱짱이는 코감기 상태잖아. 어쩌면…? 내가 눈을 반짝이며 니드리 오빠를 바라봤어. 그때였어.

"아! 우리 코로 가요."

아이고, 귀 떨어질 뻔했네. 또머거가 갑자기 소리치지 뭐야. 또머거도 나랑 똑같이 코감기를 떠올렸대.

"오! 먹는 것 빼고는 도통 관심 없던 우리 또머거가 이런 생각까

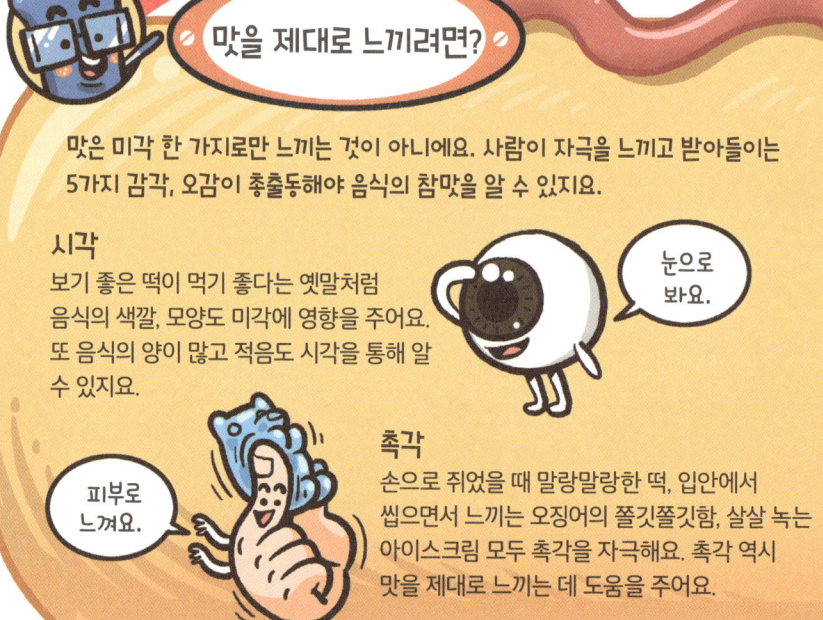

지 하고. 역시 몸 탐험하길 잘했다. 그치?"

니드리 오빠가 뿌듯한 얼굴로 우리를 돌아봤어. 사실 오늘이 탐험 마지막 날이거든. 다들 아쉬운 맘으로 고개를 끄덕였지. 그동안 몸 곳곳을 살펴보느라 힘도 들었지만 보람도 있었으니까. 헤헤, 우리 삼총사도 제법 자란 거 같고.

역시 코가 문제였어

코에 도착했는데, 역시 예상대로였어. 코감기 탓에 콧물과 코딱지가 범벅이 된 채 코안을 꽉 막고 있었지. 그래, 절벽이 와르르 무

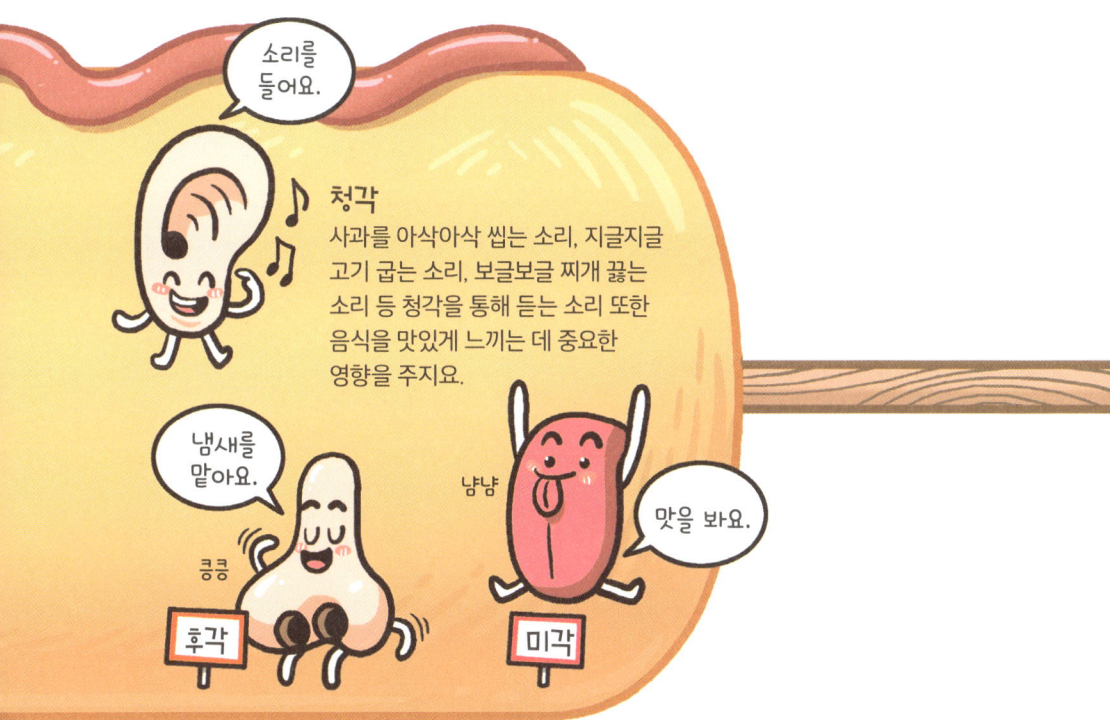

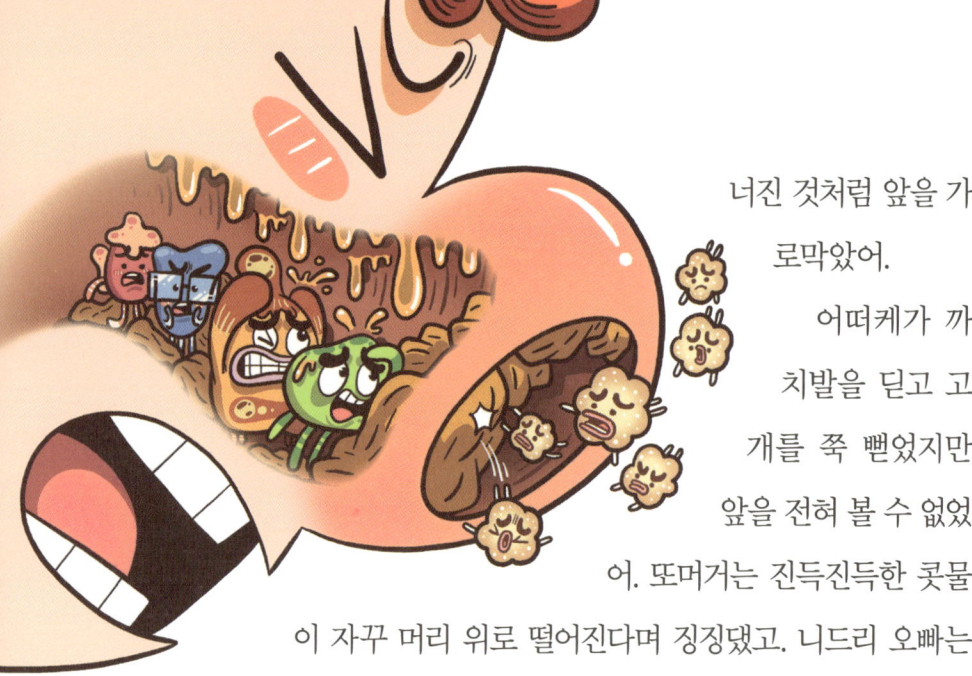

너진 것처럼 앞을 가로막았어.

어떠케가 까치발을 딛고 고개를 쭉 뻗었지만 앞을 전혀 볼 수 없었어. 또머거는 진득진득한 콧물이 자꾸 머리 위로 떨어진다며 징징댔고. 니드리 오빠는 코안을 휘휘 돌아보더니 한숨을 내쉬며 말했어.

"휴~ 생각보다 심각한데. 이렇게 꽉 막혔으니, 공기가 통할 리 없지. 그래서 냄새 분자도 코안으로 들어올 수 없었던 거야."

"냄새 분자요? 그게 뭐예요?"

구운 오징어를 질겅질겅 씹으며 또머거가 물었지.

"음, 길을 걷는데 어디선가 오징어 굽는 냄새가 났다고 치자. 냄새를 따라가면 어디서 굽는지 금세 찾아낼 수 있겠지?"

니드리 오빠의 말이 끝나기가 무섭게 또머거가 고개를 끄덕였어. 누워서 떡 먹기라는 듯이 완전 크게 말이야.

"그건 구울 때 오징어에서 나온 작은 알갱이가 공기 속으로 흘러나왔기 때문이야. 이 알갱이를 어려운 말로 분자라고 하지. 사람이 숨을 쉬면 공기 속 오징어 냄새 분자가 코안으로 들어오는데,

바로 이 냄새 분자가 콧속에서 냄새를 맡는 후각 세포를 자극하는 거야. **우리는 후각 세포가 냄새 정보를 뇌로 전달해 준 덕분에 냄새를 맡을 수 있어.**"

아! 이래서 코가 막히면 음식 맛을 제대로 못 느끼는구나! 꽉 막힌 콧속을 돌아 나오면서 하루빨리 짱짱이가 코감기에서 벗어나길 바랐어. 그래야 사랑하는 치킨을 제대로 맛볼 테니까.

그때 또머거가 남은 오징어 다리를 찾는다며 야단을 떨었어. 가방이 깊어 속이 잘 안 보인다며 이리저리 뒤적였지. 어떠케가 "다 먹은 거 아냐?" 이러면서 말렸지만 또머거는 코를 킁킁대며 대꾸했어.

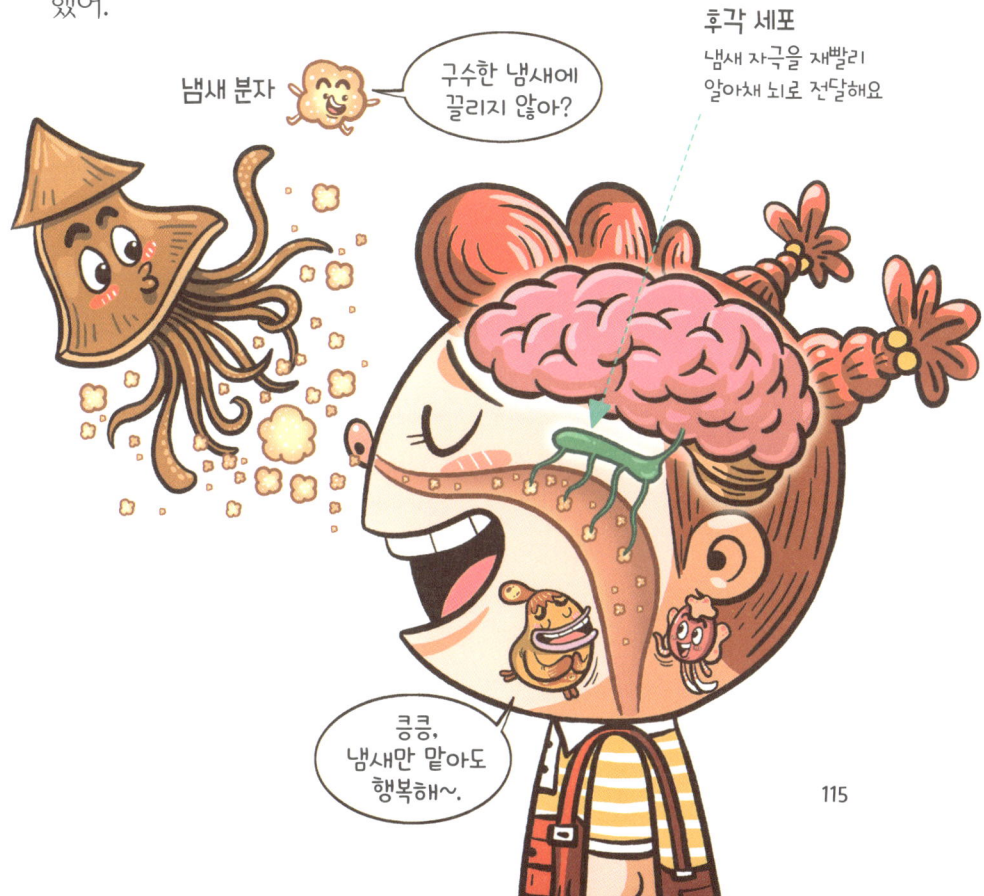

"무슨 소리야? 이렇게 오징어 냄새가 찐~하게 나는데…."

그러다가 순간 멈칫했어. 무슨 일인가 싶었는데, 또머거가 코를 벌렁대며 "우아! 대박." 이러잖아. 가방 속에서 오징어 냄새와 더불어 바나나랑 귤 냄새까지 난다나. 못 말려, 진짜! 니드리 오빠는 그 모습을 가만 보더니 이렇게 말했어.

"물질마다 서로 다른 분자를 갖기 때문에 냄새만 맡아도 무슨 물질인지 알 수 있는 거야."

그러면서 공기 중에 섞여 콧속으로 들어오는 냄새 분자뿐 아니라 사람이 입안에 음식물을 넣고 씹을 때 입속에 퍼진 냄새 분자가 목 뒤를 통해서 콧속으로 넘어와 후각 세포를 자극할 수 있다는 말도 덧붙였어.

마지막까지 하나라도 더 알려 주려는 니드리 오빠를 보니까 왠지 뭉클했어. 처음에는 까칠한 잔소리 대마왕인 줄 알았는데(물론 아니란 말은 절대 아니야.), 결국 니드리 오빠 덕분에 몸속을 샅샅이 살펴볼 수 있었잖아. **니드리 오빠, 진짜 고마웠어요~!**

그래서 짱짱이는…

치킨 맛을 제대로 보기 위해 최대한 빨리 코감기에서 벗어나기로 결심했대.
그래서 병원에 꼬박꼬박 가고 약도 꼭꼭 챙겨 먹기로 마음먹었지. 그리고….

01

코감기에 좋은 귤, 자몽, 오렌지 같은 과일을 열심히 챙겨 먹기로 했대. 비타민 A와 C가 풍부하다지 뭐야. 또 몸의 면역력을 높여 주는 따뜻한 대추차나 도라지차도 틈틈이 마실 거랬어.

02

소금물로 콧속을 자주 닦아 줄 거래. 그러면 코로 들어온 세균이나 나쁜 물질을 몸 밖으로 내보낼 수 있거든.

03

집 안의 습도를 높이기 위해 날마다 젖은 수건 널어 놓기, 주전자에 물 끓이기 등을 되풀이한대. 코, 기관지 같은 호흡 기관이 건조해지는 걸 막기 위해서지.

# 귀와 눈은 어떻게 활약할까요?

귀는 어떻게 소리를 들어요?

초인종, 피아노, 엄마 잔소리처럼 수많은 소리가 공기를 타고 귓가에 맴돌아.

그러다가 깔대기처럼 생긴 귓바퀴에 소리가 모여졌다가 귓속 길을 따라 고막까지 올라가지.

귓구멍

눈은 어떻게 물체를 봐요?

밤에는 깜깜해서 아무것도 안 보이지? 빛이 없기 때문이야. 사람이 물체를 보려면 꼭 빛이 있어야 하거든.

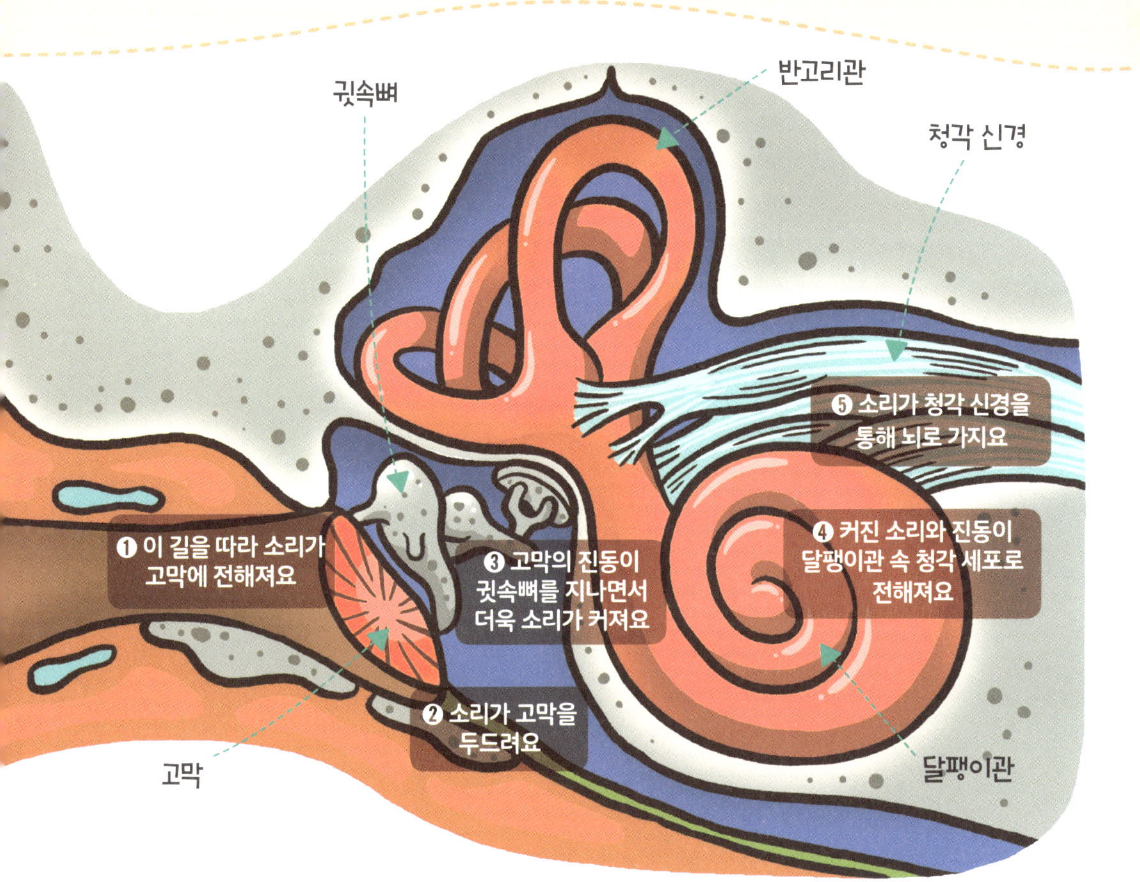

귓속뼈 반고리관 청각 신경

❶ 이 길을 따라 소리가 고막에 전해져요

❷ 소리가 고막을 두드려요

❸ 고막의 진동이 귓속뼈를 지나면서 더욱 소리가 커져요

❹ 커진 소리와 진동이 달팽이관 속 청각 세포로 전해져요

❺ 소리가 청각 신경을 통해 뇌로 가요

고막 달팽이관

눈의 한가운데 있는 동공이라는 검은 눈동자가 빛을 받아들이는데, 동공을 통해 들어온 빛은 카메라 렌즈와 비슷한 역할을 하는 수정체를 지나 망막에 뒤집힌 상을 만들지. 이것이 시신경을 통해 뇌로 전달돼. 뇌에서는 뒤집힌 상을 바로잡아 무엇인지 알게 해 주는 거고.

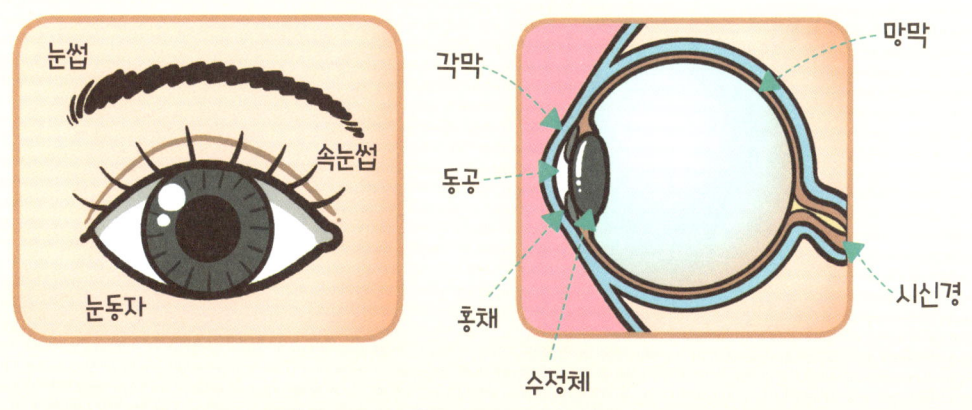

눈썹 속눈썹 눈동자 각막 동공 홍채 수정체 망막 시신경

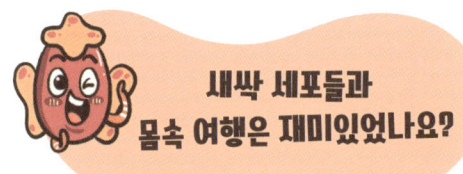

새싹 세포들과 몸속 여행은 재미있었나요?

" 초등학교 3학년 때였나? 친구들과 뛰노는데, 갑자기 배에서 꼬르륵 소리가 났어요. 깜짝 놀랐죠. 꼬르륵 소리가 정말 우렁찼거든요. 친구들은 "우헤헤헤, 배 속에 개구리가 산대요." 이러면서 깔깔댔어요. 엄마 아빠한테 물어봤지만 꼬르륵 소리의 이유를 속 시원히 알아내지 못했죠. 우리 몸에서는 '당연하게' 생각되는 일이 자주 일어나요. 빨리 달리면 당연히 숨이 차요. 방귀를 뀌면 당연히 냄새가 나지요. 하지만 정확한 원리와 이유를 찾는 건 쉽지 않아요. 그래서 상상을 해 봤어요. 우리 몸에 대해 잘 알려면, 어떻게 해야 할까? 그때 '직접 몸속 세상을 살펴보면 되겠다.' 라는 생각이 들었죠. 그리하여 몸속 세상과 새싹 세포가 탄생한 거예요. 우리 친구들도 〈초등과학Q 인체 대탐험〉을 읽으면서 직접 몸속 세포가 되어 보면 어떨까요? "

글 작가 | 김원섭

❝ 똑똑한 똑또케, 걱정 많은 어떠케,
먹보 대장 또머거를 그리면서 참 즐거웠어요. 맞다!
겉으로는 까칠하지만 속마음은 누구보다 따뜻한
니드리 오빠도 잊으면 안 되겠죠? 새싹 세포들에게 정이 담뿍 들었어요.
물론 고생도 많았지요. 새싹 세포별 특징을 살려 그림으로 그려 내는 일이
쉽지만은 않았거든요. 워낙 개성이 강한 친구들이었으니까요.
그래도 덕분에 우리가 꼭 알아야 하는 몸속 세상을 신나게 탐험할 수 있어서 재밌었어요. ❞

그림 작가 | 김윤재

인체 대탐험
머리부터 발끝까지

초판 1쇄 발행 2019년 10월 30일
초판 8쇄 발행 2024년 5월 31일

글 김원섭 | **그림** 김윤재 | **감수** 최재천
편집 정미진 · 김채은 | **디자인** 폴리오
제작 박천복 김태근 고형서 | **마케팅** 윤병일 유현우 송시은
펴낸이 김경택
펴낸곳 (주)그레이트북스
등록 2003년 9월 19일 제313-2003-000311호
주소 서울시 구로구 디지털로31길 20 에이스테크노타워5차 12층
대표번호 (02) 6711-8673
홈페이지 www.greatbooks.co.kr

ISBN 978-89-271-9561-0 74400
　　　 978-89-271-9560-3(세트)

※이 책은 저작권법에 따라 보호받는 저작물이므로 무단전재와 무단복제를 금합니다.

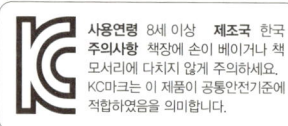